Let's go 스마트폰 시리즈는 스마트폰을 이용한 다양한 앱들을 좀더 손쉽게 활용할 수 있도록 구성된 도서입니다.

이 책의 장점은 보기 쉬운 페이지 구성과 생활에 밀접한 예제를 통한 이해하기 쉬운 편성입니다. 조작 방법을 하나씩 따라하기 식으로 설명함과 동시에 문자와 사진을 크게 게재하여 중장년층 분들도 보다 편하게 이해할 수 있도록 구성하였습니다.
이 책들을 통하여 스마트폰을 자유자재로 활용할 수 있는 즐거움을 느끼시기 바랍니다.

하나! 생활에 밀접한 예제들로 구성
생활에서 실제로 사용 가능한 예제 위주 편성으로 친밀감이 들도록 하여 보다 쉽게 학습한 후 곧바로 응용할 수 있도록 하였습니다.

둘! 쉽게 따라하기 형태의 내용 구성
각 기능들을 쉬운 단계부터 시작하여 실습 형태로 따라하면서 자연스럽게 익혀 활용할 수 있도록 하였습니다.

셋! 베테랑 강사들의 노하우를 적재적소에 배치
일선에서 다년간 강의를 하면서 모아놓은 보물 같은 내용들을 [Tip], [한걸음 더], [미리보기] 등의 코너를 만들어 곳곳에 배치시켜 놓아 효율을 극대화 시켰습니다.

넷! 대형 판형에 의한 넓고 시원한 편집
A4 사이즈에 맞춘 큰 판형으로 디자인하여 보기에도 시원하고 쾌적하게 학습할 수 있도록 하였습니다.

다섯! 스스로 풀어보는 혼자 해보기 예제
각 단원이 끝날 때마다 배운 내용을 실습하면서 완벽히 익힐 수 있도록 난이도별로 다양한 실습 문제를 제시하여 복습할 수 있도록 하였습니다.

이 책의 특징

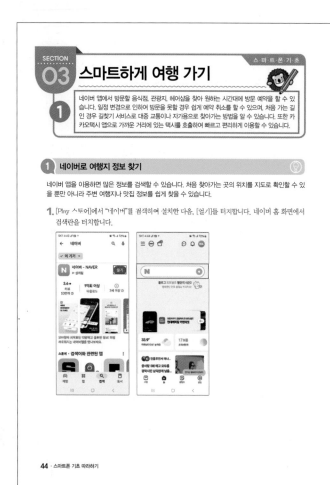

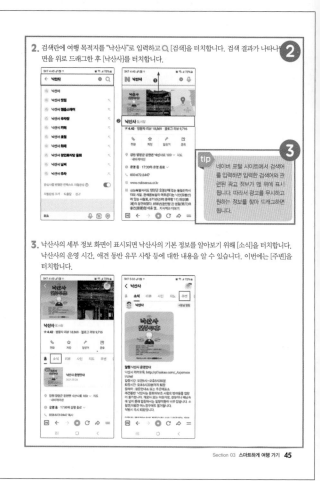

① 섹션 설명

해당 단원에서 배울 내용에 대한 전체적인 개념을 짚어줌으로써 단원에 대한 이해도를 증진시키도록 합니다.

② 따라하기

본문 내용을 하나씩 따라해 가면서 실습하다 보면 자연스럽게 관련 기능을 이해하여 활용할 수 있도록 하였습니다.

③ Tip

실습을 따라하는 과정에서 알아두면 도움이 되는 내용 및 저자만이 가지고 있는 다양한 노하우를 제공합니다.

스마트폰 관리하기

스마트폰의 소프트웨어를 업데이트 하지 않으면 보안 문제로 인하여 정상적으로 사용할 수 없는 경우가 발생되므로, 업데이트 알림을 받으면 반드시 소프트웨어 업데이트를 하는 것이 좋습니다. 또한 느려진 휴대전화의 속도를 올리는 방법과 불필요한 캐시 파일, 빈 폴더 등을 정리하여 저장 공간을 확보하는 것이 좋습니다.

1 Wi-Fi 연결하기

Wi-Fi(와이파이)는 무선 인터넷 기술로, 와이파이가 설정된 공간에서는 요금제와 상관없이 자유롭게 인터넷에 접속하고 자료를 다운받을 수 있게 해줍니다. 따라서 많은 데이터를 다운받거나 검색하는 경우, 와이파이가 설정된 곳에서 작업하면 데이터 용량을 아낄 수 있어 좋습니다.

1. 스마트폰 상단 부분의 알림 영역을 아래로 드래그한 다음 ⚙ [설정]을 터치합니다.

2. [연결]을 터치하여 나타난 화면에서 [Wi-Fi]를 터치합니다.

3. [Wi-Fi] 화면에서 연결할 네트워크를 터치합니다. 선택한 와이파이가 폐쇄형인 경우 다음과 같이 비밀번호를 입력하고 [연결]을 터치합니다.

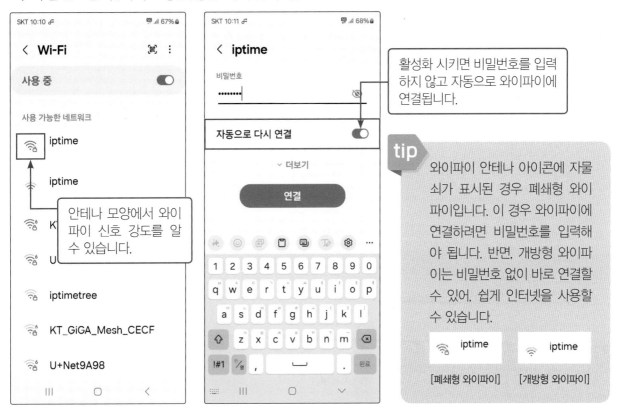

활성화 시키면 비밀번호를 입력하지 않고 자동으로 와이파이에 연결됩니다.

안테나 모양에서 와이파이 신호 강도를 알 수 있습니다.

tip

와이파이 안테나 아이콘에 자물쇠가 표시된 경우 폐쇄형 와이파이입니다. 이 경우 와이파이에 연결하려면 비밀번호를 입력해야 됩니다. 반면, 개방형 와이파이는 비밀번호 없이 바로 연결할 수 있어, 쉽게 인터넷을 사용할 수 있습니다.

[폐쇄형 와이파이]   [개방형 와이파이]

2 스마트폰 글자 크기 키우기

스마트폰 화면 글자 크기가 작아서 잘 보이지 않으면 글자의 크기를 크게 키워 문자 메시지나 인터넷에서 정보를 검색한 내용을 읽을 때 눈의 부담을 줄이고 편하게 볼 수 있습니다.

1. 앱스 화면으로 이동하기 위해 스마트폰 홈 화면을 위로 드래그합니다. 앱스 화면이 나타나면 ⚙ [설정]을 터치합니다.

> 앱스 화면 검색란에 실행할 앱 이름을 입력하면 앱을 빠르게 찾아 실행할 수 있습니다.

> **tip**
> 앱스 화면 : 앱스 화면이란 스마트폰에 설치된 앱들이 아이콘 형태로 보여지는 화면을 말합니다. 새로운 앱을 설치할 때에도 앱스 화면에 등록되어 집니다.

2. [설정] 화면에서 [디스플레이]를 터치하여 나타난 [디스플레이] 화면에서 [글자 크기와 스타일]을 터치합니다.

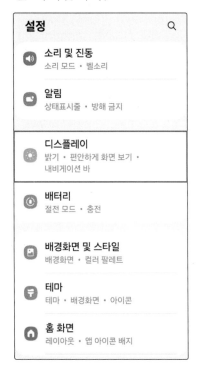

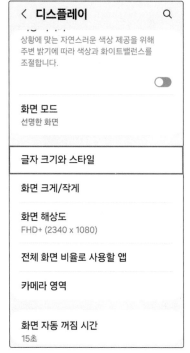

3. [글자 크기와 스타일] 화면에서 글자 크기의 슬라이드를 원하는 크기로 드래그합니다. '<'(뒤로)를 터치하면 화면의 글자 크기가 커진 것을 확인할 수 있습니다.

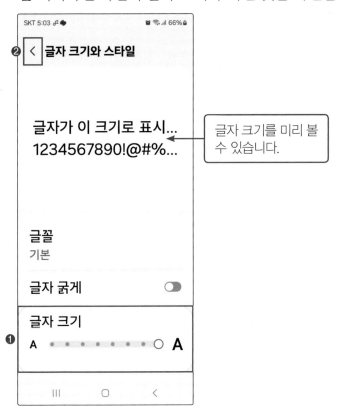

글자 크기를 미리 볼 수 있습니다.

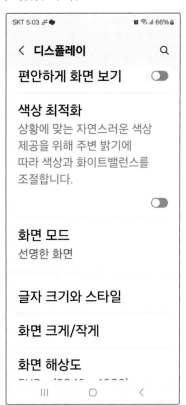

tip

⚙ [설정] 앱은 사용자에 따라 앱 아이콘 위치가 다를 수 있습니다. [설정] 앱을 찾기 어려우면 앱스 화면의 [검색]란에 설정을 입력하면 빠르게 앱을 찾을 수 있습니다.

스마트폰 배경 화면을 원하는 색으로 바꾸거나, 갤러리에 저장되어 있는 사진으로 꾸밀 수 있습니다.

1. [설정] 화면에서 [배경화면 및 스타일]을 터치합니다. [배경화면 및 스타일] 화면에서 [배경화면 변경]을 터치합니다.

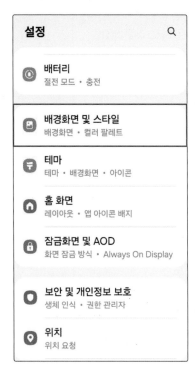

스마트폰 잠금화면 배경을 설정할 수 있습니다.

2. [배경화면] 화면에서 배경화면으로 사용할 폴더를 터치한 다음, 스마트폰 배경으로 사용할 사진 을 선택한 후 [완료]를 터치합니다.

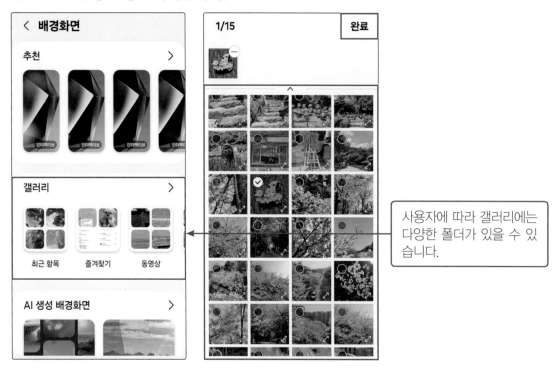

사용자에 따라 갤러리에는 다양한 폴더가 있을 수 있 습니다.

3. [적용할 화면 선택] 화면에서 [홈 화면]만 선택한 후 [다음]을 터치합니다. 홈 화면 미리보기 화면에서 [완료]를 터치하고 [홈] 단추를 눌러 결과를 확인합니다.

사진을 손가락으로 이동시켜 이미지 위치나 크기를 조절할 수 있습니다.

---

tip

생성 배경화면

인공지능 기술을 활용하여 독특하고 창의적인 이미지를 만들어주는 배경화면입니다. [배경화면] 화면에서 [AI 생성 배경화면]의 [생성형]을 터치하여 나타난 [생성형] 화면에서 원하는 유형의 배경을 터치한 다음, 나타난 화면에서 [생성]을 터치합니다.

사용하지 않는 앱은 저장 공간을 차지할 뿐만 아니라, 스마트폰의 성능에도 영향을 줄 수 있습니다. 불필요한 앱을 삭제하면 더 많은 공간을 확보하고, 스마트폰을 더욱 효율적으로 사용할 수 있습니다.

1. 앱스 화면으로 이동하기 위해 스마트폰 홈 화면을 위로 드래그합니다. 앱스 화면이 나타나면 삭제할 앱 아이콘을 길게 눌러 [설치 삭제]를 터치합니다.

2. 앱 삭제 확인 창에서 [확인]을 터치하면 스마트폰에서 해당 앱이 삭제됩니다.

5 지울 수 없는 앱 감추기

앱을 삭제하기 위해 앱 아이콘을 길게 눌렀을 때 [설치 삭제] 메뉴가 안 나타나면 기본으로 설치된 앱이기에 삭제할 수 없습니다. 이럴 때 잘 사용하지 않는 앱인 경우에는 아이콘을 앱스 화면에서 숨길 수 있습니다.

1. 앱스 화면의 '검색'에서 ⋮[더보기]를 터치한 다음, [설정]을 터치합니다.

2. [홈 화면 설정] 화면에서 [홈 및 앱스 화면에서 앱 숨기기]를 터치합니다. 앱 선택 화면이 나타나면 숨기고 싶은 앱을 선택하고 [완료]를 터치합니다.

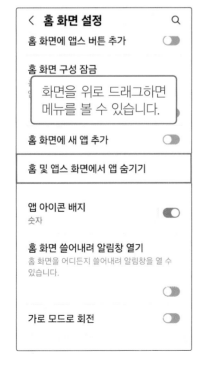

6 앱스 화면 정리하기

스마트폰에 앱을 설치하다 보면 앱스 화면에 아이콘이 많아져 원하는 앱을 찾기가 어려울 수 있습니다. 이 럴 때 페이지 정리를 시키거나, 서로 관련 있는 앱끼리 폴더를 만들어 관리하면 앱스 화면을 보다 깔끔하 게 사용할 수 있을 뿐만 아니라 필요한 앱을 빠르게 찾을 수 있습니다.

1. 앱스 화면의 페이지를 정리하기 위해 화면 검색란에서 █[더보기]를 터치하여 [페이지 정리]를 터치합니다.

> 앱스 화면 페이지 수를 확인할 수 있습니다. 총 8개의 앱스 화면이 존재하고 있습니다.

2. 페이지 정리 화면에서 [확인]을 터치합니다. 그러면 앱스 화면에 빈 공간 없이 앱 아이콘이 정리 되면서 앱스 화면 아래에 페이지 수가 적어진 것을 확인할 수 있습니다.

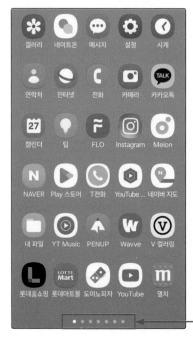

> 총 7개의 앱스 화면으 로 줄어들었습니다.

3. 연락처에 관련된 앱끼리 폴더를 만들어 관리해 보겠습니다. [전화] 아이콘을 길게 눌러 나타난 메뉴에서 [선택]을 터치합니다. 연락처와 관련된 앱을 모두 선택한 다음, [폴더 추가]를 터치합니다.

4. 폴더 이름을 '연락처'로 입력하고 [완료]를 터치합니다. 스마트폰의 < 를 터치하여 앱스 화면으로 이동합니다.

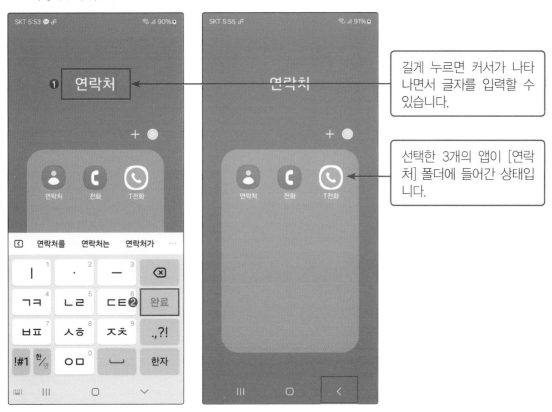

길게 누르면 커서가 나타나면서 글자를 입력할 수 있습니다.

선택한 3개의 앱이 [연락처] 폴더에 들어간 상태입니다.

5. 다음과 같이 폴더가 만들어진 것을 확인할 수 있습니다. 폴더를 삭제하려면 폴더를 길게 눌러 나타난 메뉴에서 [폴더 삭제]를 터치합니다. 폴더가 삭제되면서 폴더 안에 등록된 아이콘은 앱스 화면에 표시됩니다.

삭제할 폴더를 길게 누르면 메뉴가 나타납니다.

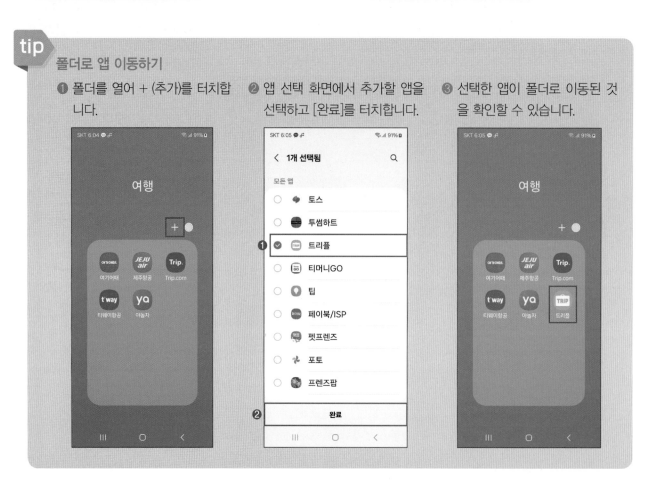

tip

폴더로 앱 이동하기

❶ 폴더를 열어 + (추가)를 터치합니다.

❷ 앱 선택 화면에서 추가할 앱을 선택하고 [완료]를 터치합니다.

❸ 선택한 앱이 폴더로 이동된 것을 확인할 수 있습니다.

스마트폰의 기능을 개선하고, 새로운 기능을 추가하며, 오류를 수정하기 위해 주기적으로 소프트웨어 업데이트는 필수적입니다. 이러한 업데이트를 통해 사용자는 더욱 편리하게 스마트폰을 이용할 수 있습니다.

1. [설정] 화면에서 [소프트웨어 업데이트]를 터치합니다. [소프트웨어 업데이트] 화면이 나타나면 [다운로드 및 설치]를 터치합니다.

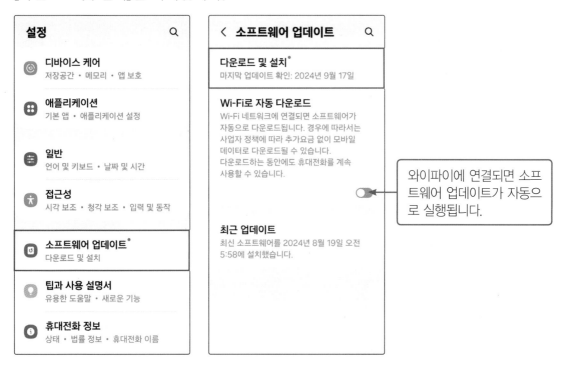

2. [소프트웨어 업데이트] 화면에서 [지금 설치]를 터치합니다. 업데이트 설치가 진행되면서 스마트 폰이 꺼졌다 켜질 때까지 기다리면 다음과 같이 소프트웨어 업데이트 완료 화면이 나타납니다.

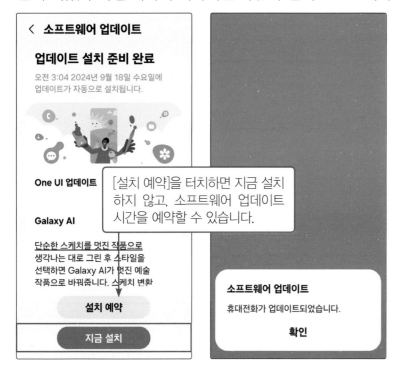

8 스마트폰 보안 설정하기

스마트폰에는 지인들의 연락처를 비롯하여 사진, 개인 정보 등 유출되면 안 되는 많은 정보가 저장되어 있습니다. 따라서 개인 정보를 안전하게 관리하기 위해 스마트폰에 보안을 설정하는 것이 좋습니다.

1. ⚙ [설정]을 눌러 나타난 [설정] 화면에서 [잠금화면 및 AOD]를 터치합니다(기종에 따라 [잠금화면]으로 표시되기도 합니다). [잠금화면 및 AOD] 화면이 나타나면 [화면 잠금 방식]을 터치합니다.

2. [화면 잠금 방식 화면]에서 [패턴]을 터치합니다. [패턴 설정] 화면이 나타나면 원하는 패턴으로 최소 4개의 점을 드래그하여 연결하고 [계속]을 터치합니다.

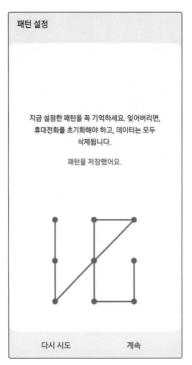

3. 한번 더 같은 패턴을 드래그한 후 [확인]을 터치합니다. [패턴 힌트] 화면에서 패턴을 읽어버렸을 때 찾을 수 있는 힌트를 입력하고 [확인]을 터치합니다.

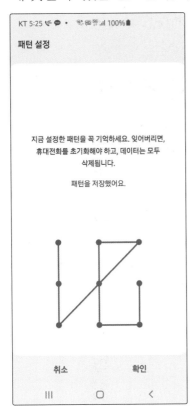
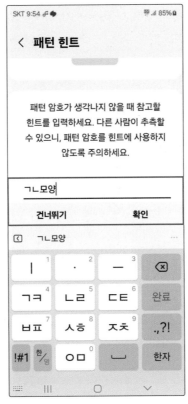

tip 패턴을 잃어버리면 스마트폰을 초기화 해야되므로, 그려진 패턴 모양을 반드시 기억하세요.

4. [잠금화면 알림] 화면에서 [완료]를 터치합니다. 제대로 되었나 테스트해보기 위해 [전원] 버튼을 눌러 화면을 끕니다.

잠금 화면에서 알림 문자가 오면 표시되는 기능입니다.

5. 다시 전원 버튼을 눌러 스마트폰을 켜서 잠금화면이 나타나면 화면을 드래그합니다. 패턴 화면이 나타나면 잠금 화면 패턴을 그려 잠금을 해제합니다.

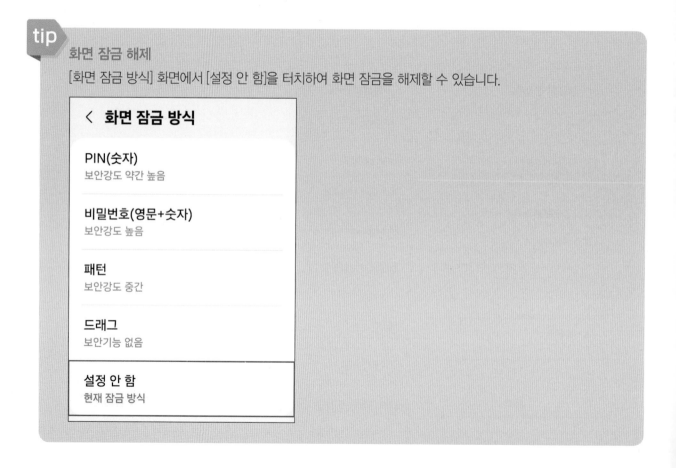

tip

화면 잠금 해제

[화면 잠금 방식] 화면에서 [설정 안 함]을 터치하여 화면 잠금을 해제할 수 있습니다.

> ‹ **화면 잠금 방식**
>
> **PIN(숫자)**
> 보안강도 약간 높음
>
> **비밀번호(영문+숫자)**
> 보안강도 높음
>
> **패턴**
> 보안강도 중간
>
> **드래그**
> 보안기능 없음
>
> **설정 안 함**
> 현재 잠금 방식

9 스마트폰 성능 향상시키기

디바이스 케어 기능을 활용하여 느려진 스마트폰의 속도를 빠르게 할 수 있을 뿐만 아니라, 배터리 사용 시간을 알 수 있으며, 불필요한 파일을 삭제하여 저장 공간을 확보할 수도 있습니다.

1. [설정] 화면에서 [디바이스 케어]를 터치합니다. [디바이스 케어] 화면이 나타나면 [지금 최적화]를 터치합니다.

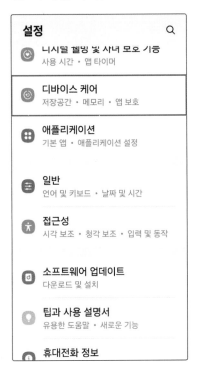

2. 스마트폰의 최적화가 끝나면 [완료]를 터치합니다. 배터리 사용 가능 시간을 알아보기 위해 [배터리]를 터치합니다.

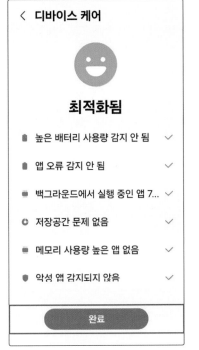

3. 배터리 정보가 표시됩니다. 스마트폰을 사용할 수 있는 배터리의 남은 시간과 배터리를 절약할 수 있도록 절전 모드를 설정할 수 있습니다. '<'를 눌러 [디바이스 케어] 화면으로 돌아간 다음, [메모리]를 터치합니다.

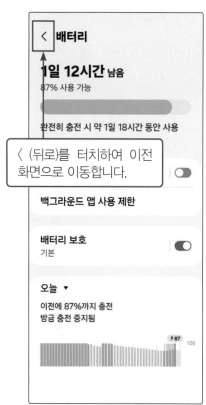

> 〈 (뒤로)를 터치하여 이전 화면으로 이동합니다.

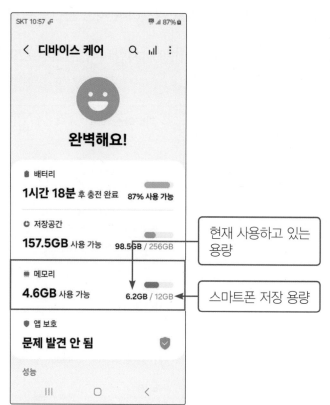

> 현재 사용하고 있는 용량

> 스마트폰 저장 용량

4. [메모리] 화면에서 사용하지 않는 앱을 정리하기 위해 [지금 정리]를 터치합니다. 다음과 같이 사용 메모리 용량이 늘어난 것을 확인할 수 있습니다.

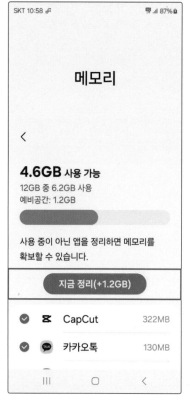

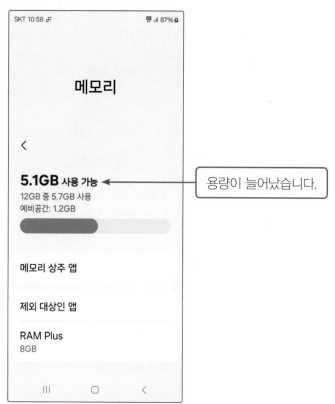

> 용량이 늘어났습니다.

스마트폰 자동 최적화 시키기

스마트폰의 속도가 느려지거나 문제가 생겼을 때, 자동으로 스마트폰을 껐다 켜지게 하여 백그라운드
에서 돌고 있는 앱을 강제 종료하고 스마트폰의 성능을 최적화 시킬 수 있습니다.

❶ [디바이스 케어] 화면을 위로 드 래그한 다음, [자동 최적화]를 터치합니다.

❷ [자동 최적화] 화면에서 [자동으 로 다시 시작]을 터치합니다.

❸ [자동으로 다시 시작] 화면에서 [필요시 자동 다시 시작]을 터치 하여 활성화합니다.

배터리 수명 늘리기

사용자 패턴에 맞게 배터리 보호를 설정하면 스마트폰을 사용하는 동안 배터리 용량을 유지하는데 도
움이 됩니다.

❶ [디바이스 케어] 화면에서 [배터 리]를 터치합니다.

❷ [배터리] 화면에서 [배터리 보 호]를 터치합니다.

❸ [배터리 보호] 화면에서 원하는 옵션을 선택합니다.

10 스마트폰 파일 관리하기

스마트폰에 다운로드 받은 이미지, 동영상, 오디오, 문서 파일 중 필요 없는 파일을 삭제하여 스마트폰 공간을 여유있게 사용할 수 있습니다. 삭제한 파일은 휴지통에 보관되며, 잘못 삭제한 파일은 삭제하기 이전의 상태로 복원할 수 있습니다.

1. 앱스 화면에서 [검색]을 터치합니다. "내파일"을 입력하고 검색된 [내 파일] 앱을 터치합니다.

2. [내 파일] 화면에서 [내장 저장공간]를 터치합니다. [내장 저장공간] 화면이 나타나면 [Download] 폴더를 터치합니다.

3. 바로 선택해서 지워도 되지만 지워도 되는지 체크하려면 화면에 표시할 파일을 터치합니다. [연결 프로그램] 화면에서 선택한 파일을 표시할 앱을 터치합니다.

4. 선택한 파일이 화면에 표시되면서 내용을 확인할 수 있습니다. < [뒤로]를 터치합니다. 삭제할 파일을 길게 눌러 선택한 다음 🗑 [삭제]를 터치합니다.

파일을 여러 개 선택할 수 있습니다.

5. 선택한 파일을 휴지통으로 이동할 것인지 묻는 창에서 [휴지통으로 이동]을 터치하면 선택한 파일이 삭제됩니다. < [뒤로]를 터치합니다.

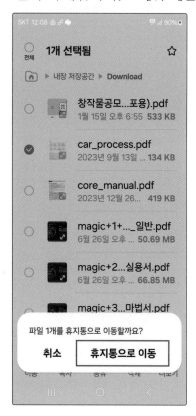

6. [내 파일] 화면에서 [휴지통]을 터치합니다. [휴지통] 화면이 열리면서 삭제한 파일을 확인할 수 있습니다. 만약 잘못 지워 복원하려면 복원할 파일을 길게 눌러 선택한 후 ↻ [복원]을 터치합니다.

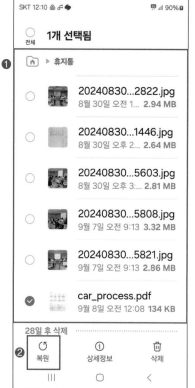

7. 휴지통을 비우려면 ⋮ [더보기]를 터치하여 나타난 메뉴에서 [비우기]를 터치합니다.

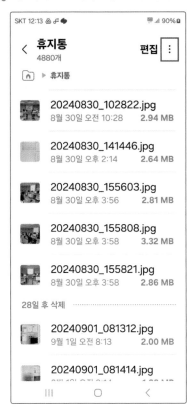 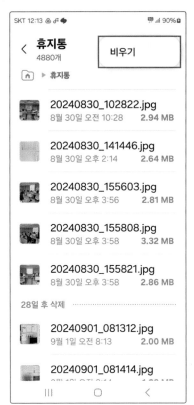

8. 휴지통에 보관 중인 파일과 폴더를 완전히 삭제할 것인지 묻는 창에서 [삭제]를 터치합니다. 휴지통에 보관된 파일이 완전히 삭제된 것을 확인합니다.

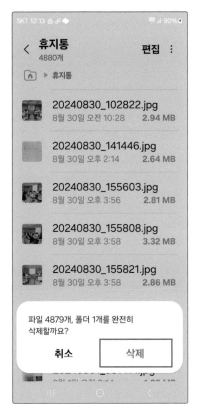 

SECTION 02 스마트폰으로 추억 쌓기

언제 어디서나 손쉽게 꺼내어 사용할 수 있는 스마트폰의 카메라는 우리의 일상을 기록하고, 소중한 순간을 담을 수 있습니다. 고화질의 이미지와 다양한 촬영 기능으로 전문가 못지않은 사진을 촬영할 수 있습니다.

1 카메라 환경 설정하기

사진 사용 용도에 맞게 촬영하기 위해 사진 비율을 조절할 수 있을 뿐만 아니라, 수평이나 수직 구도를 손쉽게 맞출 수 있게 수직 수평 안내선을 표시할 수 있습니다.

1. 앱스 화면에서 ◉[카메라]를 터치합니다. 본인의 사진 크기 비율을 설정하기 위해 카메라 화면에서 숫자([9:16] 또는 [3:4])를 터치합니다.

tip

인터넷 또는 출력용에 따라 사진 크기를 선택하면 됩니다. 인쇄용은 4:3, 인터넷용은 16:9를 많이 사용하고 있습니다.

2. 촬영할 사진 크기 비율을 터치합니다. 사진의 구도를 쉽게 맞추기 위해 ⚙[설정]을 터치합니다.

3. [카메라 설정] 화면에서 [수직/수평 안내선]을 터치하여 활성화시키고, <(뒤로)를 터치합니다. 카메라 화면에 안내선이 표시된 것을 확인할 수 있습니다. 사진의 구도를 맞춘 다음 ◯[촬영] 버튼을 터치합니다.

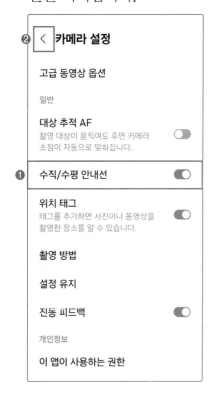

tip 화면에 수평/수직 안내선이 표시되면 수직 구도 또는 수평 구도의 사진을 찍을 때 피사체의 구도를 쉽게 맞출 수 있습니다.

[수직 구도]

[수평 구도]

2 사진 찍기

사진이 너무 어둡게 찍히거나 밝게 찍히면 노출값을 조절하여 촬영할 수 있을 뿐만 아니라, 손바닥 내밀기로 셀프 촬영을 쉽게 할 수 있습니다.

1. 촬영할 피사체를 길게 누르면 초점이 고정됩니다. 노출값 슬라이드로 사진 밝기를 조절한 다음 [촬영]을 터치합니다.

> 피사체를 길게 눌러 초점을 고정시키면, 보다 안정감 있게 사진이 촬영됩니다.

> 노출값을 조절하여 사진의 밝기를 조절할 수 있습니다.

> 피사체를 확대/축소할 수 있습니다.

2. 미리보기 썸네일을 터치하면, 촬영한 사진을 확인할 수 있습니다.

> 미리보기 화면에서 [휴지통]을 터치하면 촬영한 사진을 삭제할 수 있습니다.

tip

사진을 밝게 촬영하려면 먼저 카메라 렌즈를 부드러운 천으로 닦은 후, 스마트폰의 밝기를 최대한 밝게 설정하고 촬영하면 됩니다.

노출은 카메라 센서에 들어오는 빛의 양을 의미하며, 사진의 밝기를 결정하는 중요한 요소입니다. 노출을 조절하면 사진이 너무 밝거나 어둡지 않게 촬영할 수 있습니다. 촬영할 피사체를 터치하여 노출 값을 오른쪽으로 드래그하면 사진이 밝게 나오고, 왼쪽으로 드래그하여 어둡게 나옵니다.

[어두운 노출]　　　　　　　[자동 노출]　　　　　　　[밝은 노출]

3. 이번에는 셀프 샷을 찍기 위해 ⟳[카메라 전환]을 선택합니다. 손바닥을 카메라 렌즈를 향해 내밀어 스마트폰이 손바닥을 인식하면 촬영 준비가 되고, 3초 타이머가 작동된 후 사진이 촬영됩니다.

4. 풍경 사진을 파노마라 사진으로 담으려면 카메라 앱에서 [더보기]를 터치한 다음, [파노라마]를 터치합니다.

5. 파노라마 촬영이 시작되면 스마트폰을 한쪽 방향으로 움직인 후, 촬영이 끝나면 ■[정지]를 터치합니다.

앨범을 만들어서 사진을 여행, 가족, 친구 등으로 분류하여 정리하면 원하는 사진을 쉽게 찾을수 있고, 사진을 효율적으로 관리할 수 있습니다.

1. 앱스 화면에서 ✱[갤러리]을 터치합니다. 앨범을 만들기 위해 [앨범] 탭에서 +를 터치하여 [앨범]을 선택합니다.

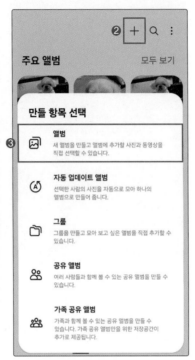

2. [앨범 만들기] 창에서 앨범 이름을 입력하고 [추가]를 터치합니다. 사진을 추가하기 위해 [항목 선택] 화면에서 [사진] 탭을 터치합니다.

3. 만들 앨범으로 이동할 사진들을 선택하고 [완료]를 터치합니다. 선택한 항목을 이동할 것인지 묻는 창에서 [이동]을 터치합니다.

4. 만든 앨범을 터치하면 다음과 같이 선택한 사진이 앨범으로 이동된 것을 확인할 수 있습니다. < [뒤로]를 터치합니다.

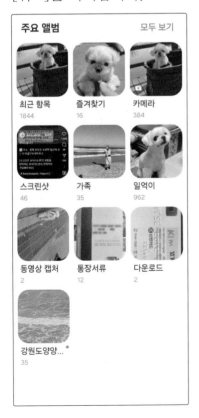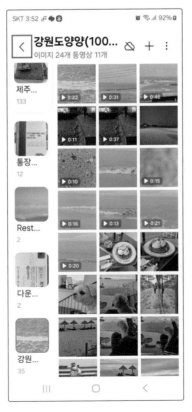

5. 앨범에 추가로 사진을 이동하려면 [사진] 탭에서 이동할 사진을 길게 눌러 선택합니다. **⋮** [더보기]를 터치한 다음 [앨범으로 이동]을 터치합니다.

 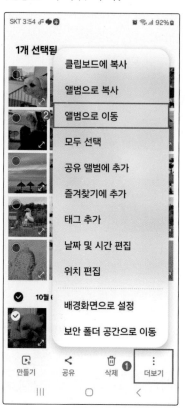

6. 사진이 이동할 앨범을 터치하면 다음과 같이 앨범으로 사진이 이동됩니다.

[갤러리]에 앨범을 만들면 [모든 앨범]이 표시됩니다. 이때 화면에 표시할 주요 앨범만 선택하여 표시할 수 있습니다.

❶ [앨범] 탭에서 ☰ [메뉴]를 터치하여 [설정]을 터치합니다. [설정] 화면에서 [주요 앨범 선택]을 터치하여 활성화 한 다음 < [뒤로]를 터치합니다.

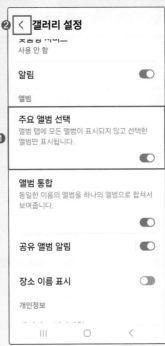

❷ [앨범] 화면에서 ⋮ [더보기]를 터치하여 [주요 앨범 선택]을 터치합니다. 화면에 표시할 앨범을 선택한 다음 [완료]를 터치합니다.

7. 갤러리에서 사진을 삭제하려면 삭제할 사진을 길게 눌러 선택한 다음 🗑 [삭제]를 터치합니다. 휴지통으로 이동할 것인지 묻는 창이 나타나면 [휴지통으로 이동]을 터치합니다.

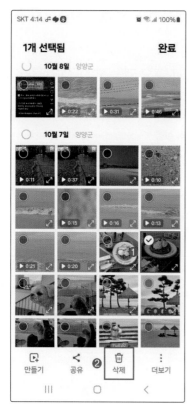
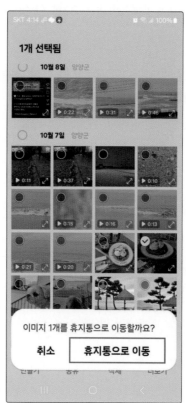

8. 잘못 삭제한 사진을 복원하려면 ☰ [메뉴]를 터치한 후 🗑 [휴지통]을 터치합니다.

tip 갤러리에서 삭제한 사진은 휴지통에 30일 동안 보관됩니다.

9. 복원할 이미지를 길게 눌러 선택한 다음 ↺ [복원]을 터치하면 사진이 복원됩니다. 휴지통을 완전히 비우려면 ⋮ [더보기]를 터치합니다.

10. [비우기]를 터치한 다음, 파일을 완전히 삭제할 것인지 묻는 창에서 [삭제]를 터치합니다.

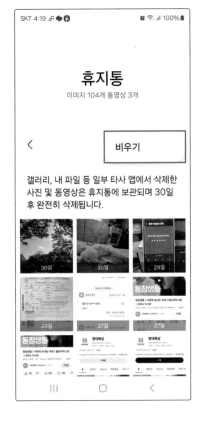

tip 삭제한 사진은 휴지통에 30일
보관 후 완전 삭제됩니다.

네이버 MYBOX는 30GB의 용량을 무료로 제공하여 사진, 동영상, 파일 상관없이 30GB만큼 저장할 수 있는 클라우드 저장 서비스입니다. 인터넷 클라우드 공간에 저장되기 때문에 언제 어느 장소에서나 쉽게 공유가 가능합니다. 단, 무료 사용자는 파일 크기가 4GB까지 업로드할 수 있습니다.

1. [Play 스토어]에서 '네이버 MYBOX'를 검색하여 설치한 후 실행합니다. 네이버 MYBOX 환경을 설정하기 위해 계정 아이콘을 터치하여 ⚙ [설정]을 터치합니다.

 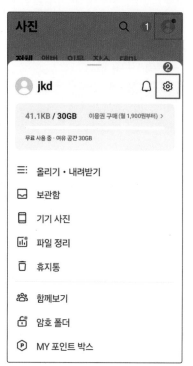

2. [설정] 화면에서 [자동 올리기]를 터치한 후, 화면을 위로 드래그하여 [선택 후 자동 올리기]를 활성화 합니다. 이어서 [자동 올리기 대상]을 터치하여 자동으로 올릴 폴더만 선택합니다.

 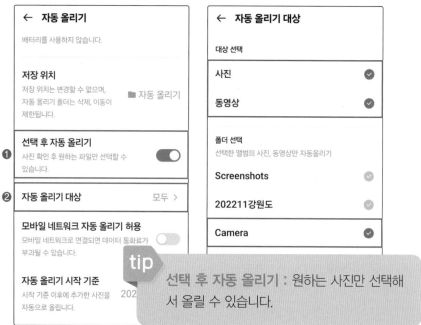

tip 선택 후 자동 올리기 : 원하는 사진만 선택해서 올릴 수 있습니다.

3. [사진] 화면에서 [사진 올리기]를 터치한 다음, [올리기] 메뉴가 나타나면 ⊠[갤러리]를 터치합니다.

tip
사진의 크기가 16mb 이하인 경우 원본 해상도를 유지합니다. 16mb 이상인 경우 16mb로 조정되어 업로드 됩니다. 동영상 중 mp4, mov, avi, mkv 영상은 mp4로 전환하여 업로드됩니다.

4. [모든 사진·동영상] 화면에서 업로드할 파일을 선택하고 [올리기]를 터치합니다. 파일이 전송 완료되면 ×(닫기)를 터치한 다음 [전체] 탭을 터치합니다.

tip
자동 올리기가 설정된 경우 촬영된 사진들은 [자동 올리기]에 대기 상태가 되며, [사진]-[전체]에서 [자동 올리기 대기]를 터치하여 [자동 올리기 파일 선택] 화면에서 업로드할 사진을 선택하고 [올리기]를 터치합니다.

5. 사진이 많은 경우 폴더별로 나누어 관리하면 매우 편리합니다. 폴더를 만들기 위해 ■[파일]을 터치한 다음 🗀[새폴더 만들기]를 터치합니다. [새폴더 만들기] 창에서 폴더 이름을 입력한 후 [확인]을 터치합니다.

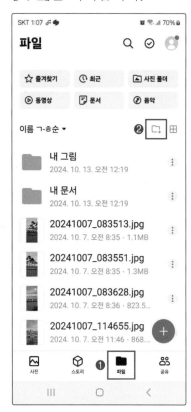 

6. 다음과 같이 폴더가 만들어지면 폴더에 사진을 넣어보겠습니다. 폴더를 터치합니다. 선택한 폴더 화면에서 [파일 올리기]를 터치한 다음 🖼[갤러리]를 터치합니다.

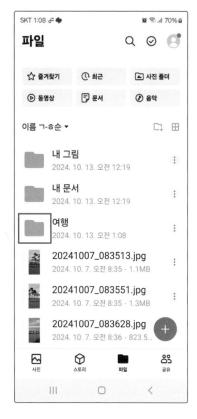  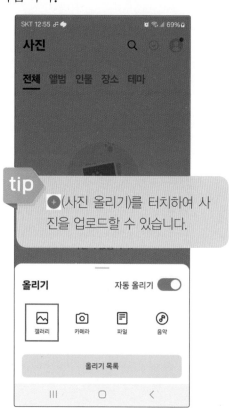

tip
➕(사진 올리기)를 터치하여 사진을 업로드할 수 있습니다.

7. 업로드할 사진을 선택한 다음 [올리기]를 터치하면 다음과 같이 선택한 폴더에 사진이 업로드됩니다. [올리기 내려받기] 화면에서 × [닫기]를 터치합니다.

8. 올리기 메뉴를 아래로 드래그하면 선택한 폴더에 사진이 업로드 된 것을 확인할 수 있습니다. [←]를 터치하여 이전 화면으로 이동합니다.

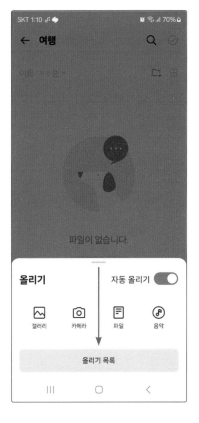
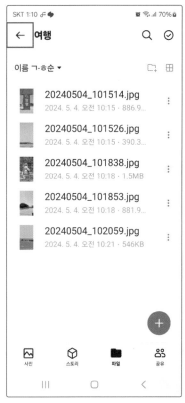

9. 마이박스의 임의 위치에 올려져 있는 사진을 폴더로 이동시킬 수도 있습니다. [파일] 화면 오른쪽 위에 ⊙ [선택]을 터치합니다. [선택] 화면이 나타나면 이동할 사진을 다음과 같이 선택한 다음 ➡ [이동]을 터치합니다.

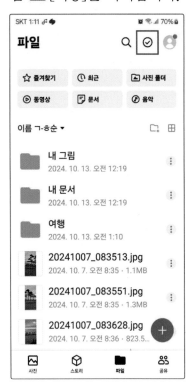
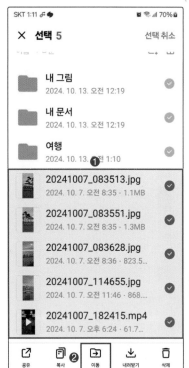

> **tip**
> **내려받기** : 선택한 파일을 스마트폰으로 내려받기 합니다.
> **삭제** : 선택한 파일을 삭제합니다.

10. [이동 위치 선택] 화면에서 폴더를 선택한 후 [여기로 이동]을 터치합니다. 선택한 사진이 이동이 되었나 확인하기 위해 이동한 폴더를 터치합니다.

11. 사진이 이동된 것을 확인할 수 있습니다. 불필요한 파일을 삭제하려면 삭제할 파일을 길게 눌러 선택한 다음 [삭제]를 터치합니다.

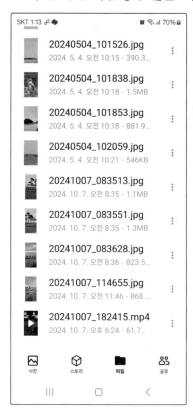 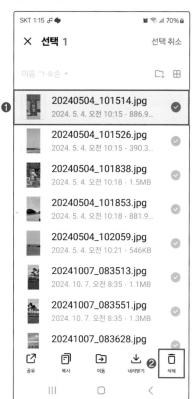

tip

삭제한 파일 복원하기 : 계정 아이콘을 터치하여 [휴지통]을 터치합니다. [휴지통] 화면에서 복원할 파일을 선택하고 [복원]을 터치합니다.

스마트하게 여행 가기

네이버 앱에서 방문할 음식점, 관광지, 헤어샵을 찾아 원하는 시간대에 방문 예약을 할 수 있습니다. 일정 변경으로 인하여 방문을 못할 경우 쉽게 예약 취소를 할 수 있으며, 처음 가는 길인 경우 길찾기 서비스로 대중 교통이나 자가용으로 찾아가는 방법을 알 수 있습니다. 또한 카카오택시 앱으로 가까운 거리에 있는 택시를 호출하여 빠르고 편리하게 이용할 수 있습니다.

1 네이버로 여행지 정보 찾기

네이버 앱을 이용하면 많은 정보를 검색할 수 있습니다. 처음 찾아가는 곳의 위치를 지도로 확인할 수 있을 뿐만 아니라 주변 여행지나 맛집 정보를 쉽게 찾을 수 있습니다.

1. [Play 스토어]에서 "네이버"를 검색하여 설치한 다음, [열기]를 터치합니다. 네이버 홈 화면에서 검색란을 터치합니다.

2. 검색란에 여행 목적지를 "낙산사"로 입력하고 🔍 [검색]을 터치합니다. 검색 결과가 나타나면 화면을 위로 드래그한 후 [낙산사]를 터치합니다.

> **tip** 네이버 포털 사이트에서 검색어를 입력하면 입력한 검색어와 관련된 광고 정보가 맨 위에 표시됩니다. 따라서 광고를 무시하고 원하는 정보를 찾아 드래그하면 됩니다.

3. 낙산사의 세부 정보 화면이 표시되면 낙산사의 기본 정보를 알아보기 위해 [소식]을 터치합니다. 낙산사의 운영 시간, 애견 동반 유무 사항 등에 대한 내용을 알 수 있습니다. 이번에는 [주변]을 터치합니다.

4. 낙산사 주변의 맛집이나 카페, 가
볼 만한 곳에 대한 정보를 알 수 있
습니다. [명소]를 터치하면 낙산사
주변 관광 명소에 대한 정보가 나
타납니다.

2 네이버 지도로 길 찾기

네이버 지도 앱을 이용하면 출발지에서 목적지까지의 교통편, 도착 예상 시간, 교통 요금을 손쉽게 확인할
수 있습니다. 또한, 가까운 거리의 경우 도보 경로를 제공하여 목적지까지 최적의 이동 방법을 안내합니다.

▶ 대중교통 이용하기

1. [Play 스토어]에서 "네이버 지도"
를 검색하여 설치한 다음, [열기]
를 터치합니다. [검색] 란을 터치
합니다.

네이버 지도 앱을 설치하는 과정에서
[내 기기의 위치]를 허용했기 때문에
현재 내 위치가 지도에 파란색 점으
로 표시됩니다.

2. 검색란에 목적지를 "서서울호수공원"으로 입력한 후, 나타난 추천 목적지 목록에서 '서서울호수공원'을 터치합니다. 선택한 목적지의 위치 지도와 정보 화면에서 [도착]을 터치합니다.

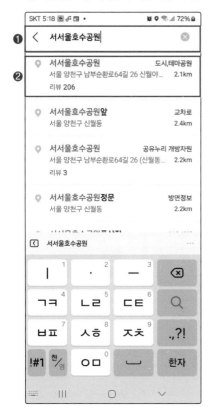 

3. 출발지는 내 위치로 자동으로 설정되고, 🚌 [대중교통]을 터치하면 대중교통으로 가는 방법이 표시됩니다. 추천 경로 중 [최적]을 터치하면 출발지부터 도착지까지 초록색과 빨간색으로 표시됩니다. [안내 시작]을 터치합니다.

4. 다음과 같이 길 안내가 시작됩니다.

tip

☰ [메뉴]를 터치하여 음성 안내의 안내 음성 크기나 안내 항목을 선택할 수 있습니다.

안내 음성 크기 : 안내 음성의 소리를 조절할 수 있습니다.

기본 안내 : 이동 중 도보, 승차, 하차 안내를 제공합니다.

하차 안내만 : 대중 교통의 하차 안내만 제공합니다.

상세 설정 바로가기 : 안내 음성의 목소리를 변경하거나, 하차 안내만 받을 수 있도록 설정할 수 있습니다.

▶ 도보로 찾아가기

5. [검색] 란을 터치합니다. 목적지를 "선사유적공원"으로 입력한 후 추천 목적지 목록에서 최종 목적지를 터치합니다.

6. 🚶 [도보]를 터치한 다음 [따라가기]를 터치하면 경로를 따라 파란 점이 이동됩니다. 두 손가락으로 화면을 드래그하면 지도를 확대하여 세부 정보를 보다 명확하게 확인할 수 있습니다.

tip
도보 경로는 스마트폰의 방향에 따라 반경이 표시되어 사용자가 보다 쉽게 경로를 찾을 수 있습니다.

네이버 앱에서 펜션, 음식점, 헤어샵 등에 사전 예약을 하면 방문한 곳에서 기다리지 않고 서비스를 받을 수 있을 뿐만 아니라 방문할 곳에 대한 리뷰나 별점으로 서비스에 대한 사전 정보들을 알 수 있습니다.

▶ 예약하기

1. 네이버 홈 화면에서 주변 맛집을 찾기 위해 검색란을 터치합니다. 검색란에 "주변 맛집" 또는 방문할 음식점을 입력하고, Q [검색]을 터치합니다.

> **tip**
> 네이버 앱에서 예약 서비스를 이용하려면 먼저 네이버에 회원 가입을 하고 로그인해야 됩니다.

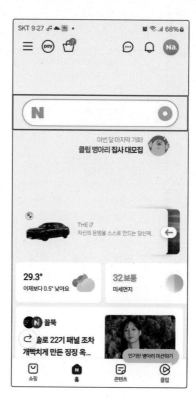

2. 화면을 위로 드래그하면서 원하는 음식점을 찾다가 [펼쳐서 더보기] 메뉴가 나올 때 터치하면 더 많음 음식점이 보여집니다. 원하는 음식점을 찾으면 방문할 음식점을 터치합니다.

> 원하는 음식점이 없는 경우 [주변맛집 더보기]를 터치합니다.

3. 선택한 음식점 정보 화면에서 [예약]을 터치한 다음 예약 메뉴 선택 화면에서 원하는 메뉴를 선택합니다.

> **tip**
> 예약을 받지 않는 식당은 [예약] 메뉴가 안 나타납니다. 선택한 음식섬에 따라 메뉴가 다를 수 있습니다.

4. [예약] 화면에서 방문 날짜와 시간, 인원을 선택하고, 화면을 위로 드래그하여 유의 사항을 확인한 후 [예약하기]를 터치합니다.

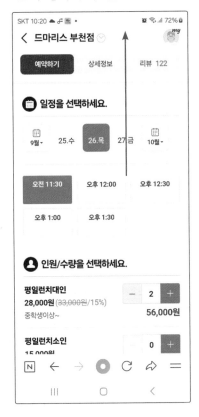

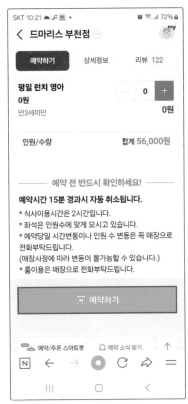

5. 예약 내용과 예약자 정보를 확인하고 화면을 위로 드래그합니다. 개인정보 수집, 제공에 [동의하고 예약 신청하기]를 터치하면 예약 완료됩니다.

6. 예약 확정 알림이 오면 스마트폰 알림 영역에서 알림 메시지를 확인합니다. 일정 변경 등으로 인해 예약을 취소하려면 네이버 홈 화면에서 ☰[메뉴]를 터치합니다.

tip
노쇼[no-show] : 예약을 하고 연락 없이 방문을 하지 않는 일을 노쇼라고 합니다. 최근 노쇼 손님들로 인하여 자영업자들이 영업에 막대한 피해를 입는 경우가 종종 발생합니다. 예약한 후 불가피하게 일정 변경이 될 경우 반드시 예약 취소를 하기 바랍니다.

7. [바로가기] 화면에서 [네이버예약]을 터치합니다. [MY플레이스 홈] 화면의 [예약] 탭에서 예약된 음식점을 터치합니다.

> 바로 가기 메뉴를 왼쪽으로 드래그하여 더 많은 메뉴를 확인할 수 있습니다.

8. 예약 정보 화면에서 [예약취소]를 터치한 다음, 예약 취소 사유를 간단히 입력한 후 [예약 취소]를 터치합니다. 예약 취소 창에서 [네, 취소할께요]를 터치하면 예약 취소가 완료됩니다.

카카오 T 앱으로 택시, 대리, 주차 등 이동 수단을 호출하여 편리하게 이용할 수 있습니다. 카카오 T를 이용하려면 먼저 카카오톡 계정에 회원 가입을 해야 됩니다. 카카오 T로 택시를 호출한 다음 취소를 할 경우 취소 수수료가 부과되므로, 택시를 호출한 후 다른 택시를 이용하면 안 됩니다.

1. [Play 스토어]에서 "카카오택시"를 검색하여 설치한 후 [열기]를 터치합니다. 카카오T 시작 화면에서 [카카오계정으로 시작하기]를 터치합니다.

> **tip**
>
> 카카오 계정이 없는 경우 먼저 카카오톡 회원 가입 후 카카오 택시 앱을 사용할 수 있습니다.

2. 카카오 T 약관 동의 화면에서 필수만 선택한 다음 [동의하고 계속하기]를 터치합니다. 휴대폰 인증 화면에서 [보내기]를 터치합니다.

3. 휴대폰 인증 번호가 입력되면 [다음]을 터치합니다. 추가 정보 입력 화면에서 [나중에 하기]를 터치합니다.

tip
[추가 정보 입력]을 터치하여 결제 카드를 등록하면 목적지에서 하차할 때 등록한 카드로 자동 결제됩니다.

4. 택시를 호출하기 위해 [홈] 화면에서 [택시]를 터치합니다. 자동적으로 현재 위치가 표시되는데 다른 곳에서 탈려면 지도 화면을 드래그하여 출발 위치를 선택하고 [어디로 갈까요?]를 터치합니다.

지도를 드래그하여 출발 위치를 이동할 수 있습니다.

5. [도착지 검색]을 터치하여 목적지를 입력합니다. 여기서는 "행신역"을 입력하고, 🔍 [검색]을 터치하였습니다.

6. 장소 검색 결과 화면에서 최종 목적지의 [도착]을 터치합니다. 현재 위치를 기준으로 주변 택시를 호출하기 위해 [일반 호출]을 터치합니다.

7. 예상 시간과 요금을 확인한 후 [호출하기]를 터치합니다. [결제수단] 창에서 [다른 결제 수단]의 [직접결제]를 선택하고 [적용]을 터치합니다.

화면을 위로 드래그하여 [다른 결제수단]을 선택할 수 있습니다.

출발지와 도착지의 지역이 다른 경우, 도착 지역의 택시만 호출할 수 있습니다.

8. [호출하기]를 터치하면 가까운 택시가 호출되며, 호출 정보가 전송됩니다.

tip 실제 호출이 아닌 실습하기 위해 카카오T 호출 따라하기 연습할 때 마지막 [호출하기]를 터치하면 택시가 호출되므로 주의하세요. 택시 호출 후 1분 이내에 취소를 하지 않는 경우 수수료가 청구됩니다.

생활에 편리한 스마트폰 즐기기

온라인 쇼핑 앱을 통해 집에서 손쉽게 물건을 구매하고, 배달 음식도 신속하게 주문할 수 있어 우리의 생활을 더 편리하고 풍요롭게 만들어 주고 있습니다.

1 캘린더로 일정 관리하기

캘린더 앱을 활용하면 개인의 스케줄을 효율적으로 기록하고 관리할 수 있습니다. 일정 등록 시 알람 기능을 설정하여 중요한 일정을 미리 알림받을 수 있으며, 매년 또는 매월 반복되는 일정을 손쉽게 등록할 수 있어 정기적인 이벤트나 기념일을 놓치지 않고 관리할 수 있습니다.

1. 앱스 화면에서 '캘린더'를 검색하여 터치합니다. 캘린더 화면을 왼쪽 또는 오른쪽으로 드래그하여 원하는 달로 이동합니다.

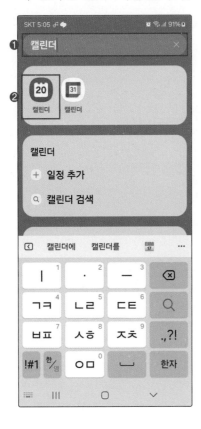

58 · 스마트폰 기초 따라하기

2. 일정을 입력할 날짜를 선택한 다음 +[추가]를 터치합니다. 일정 제목을 입력하고 [하루 종일]을 터치하여 활성화 시킵니다.

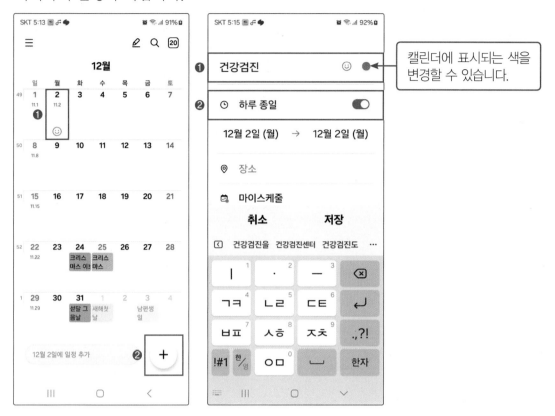

캘린더에 표시되는 색을 변경할 수 있습니다.

3. 일정 알림을 받기 위해 화면을 위로 드래그하여 [알림]을 터치합니다. [알림] 화면에서 '사용 안 함'을 터치하여 활성화 시킵니다.

4. 일정을 알려주는 알림이 울리는 시간을 선택하고 < [뒤로]를 터치합니다. [알림] 화면에서 [저장]을 터치합니다.

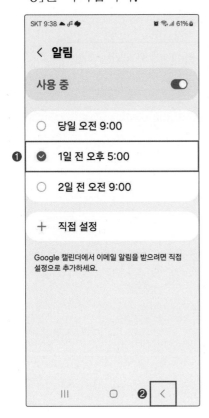 

tip 일정 제목란에 이모티콘을 터치하여 아이콘으로 중요한 일정을 표시할 수 있습니다.

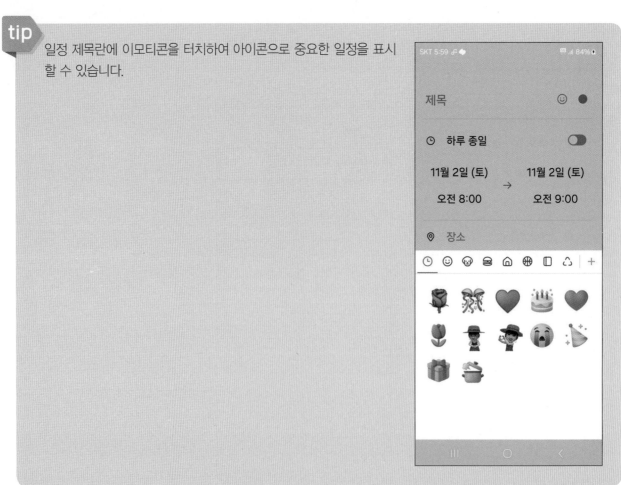

▶ 일정 삭제하기

5. 등록된 일정을 삭제하려면 삭제할 일정의 날짜를 선택합니다. 선택한 날짜에 일정 목록이 나타나면 삭제할 일정을 선택합니다.

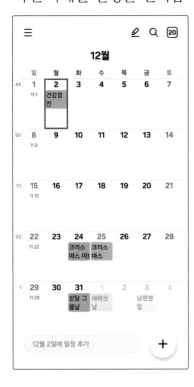 

6. 선택한 일정의 세부 내용 화면에서 🗑 [삭제]를 터치합니다. 일정을 휴지통으로 이동할 것인지 묻는 화면에서 [휴지통으로 이동]을 터치합니다.

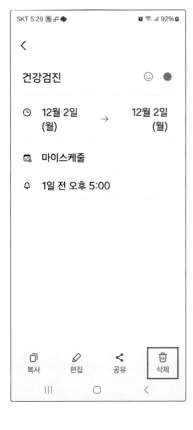 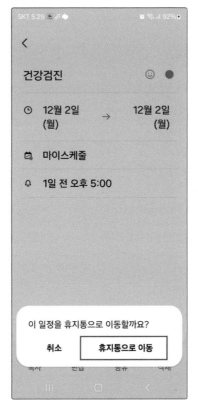

일정 등록 화면에서 시작 날짜를 터치한 다음, 표시된 달력에서 [음력]을 터치합니다.

일정 반복하기

일정을 반복하려면 일정 등록 화면에서 [반복 안함]을 터치합니다. [반복] 화면이 나타나면 일정을 반복할 옵션을 선택합니다.

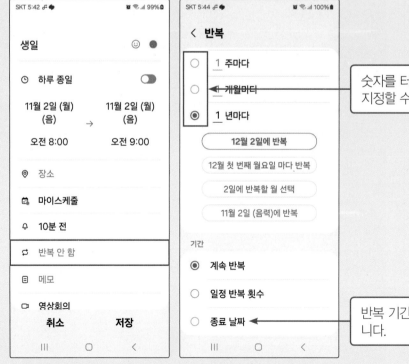

2 **집에서 장보기**

1. 쿠팡에서 문건을 사보기로 합니다. [Play 스토어]에서 쿠팡을 검색한 후, 설치하고 실행합니다. 쿠팡 앱에 회원 가입하고 로그인합니다.

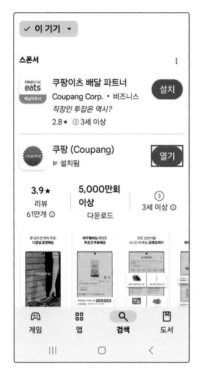

2. 구매할 물건을 검색하기 위해 검색란을 터치하여 "생수"를 입력하고 Q [검색]을 터치합니다.

3. 가격과 제품 중량을 확인하고 원하는 제품을 터치합니다. 제품 상세 내용을 확인하고 [장바구니 담기]를 터치합니다.

제품에 '로켓배송'으로 표시된 경우, 다음날 배송되는 제품입니다.

4. 같은 방법으로 구매할 제품을 추가로 검색하여 [장바구니 담기]를 터치합니다.

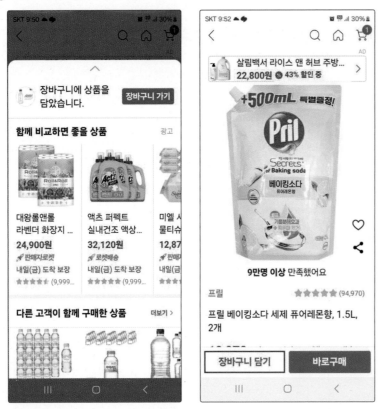

5. 더 이상 살 물건이 없으면 [장바구니 가기]를 터치합니다. [장바구니] 화면에 선택한 물품 목록을 확인한 다음 [구매하기]를 터치합니다.

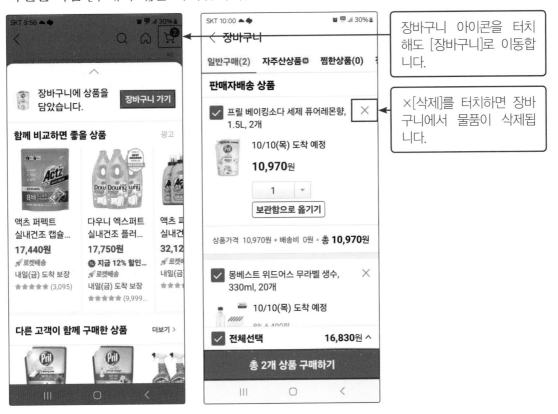

6. 배송지를 확인한 후 [결제수단]을 터치합니다. [결제수단] 화면에서 '신용/체크카드'를 선택한 다음 결제할 카드사를 설정하고 [선택완료]를 터치합니다.

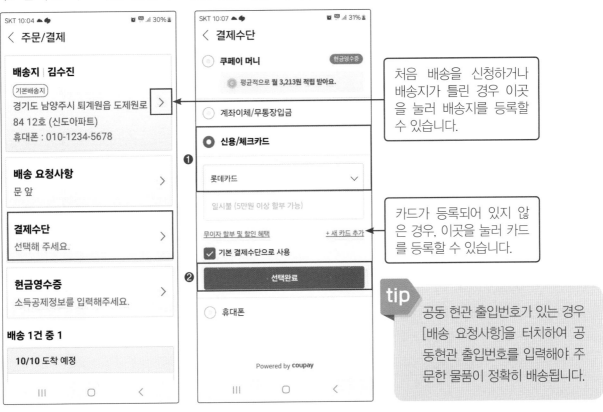

7. 화면을 위로 드래그하여 총 결제 금액을 확인한 다음 [결제하기]를 터치하여 주문을 완료합니다. 잘못 주문했거나 하여 주문을 취소하려면 쿠팡 홈 화면에서 [마이쿠팡]을 터치합니다.

8. [배송중 상품] 목록에서 주문 취소할 물품을 터치한 다음, [배송 조회] 화면이 나타나면 [주문취소]를 터치합니다.

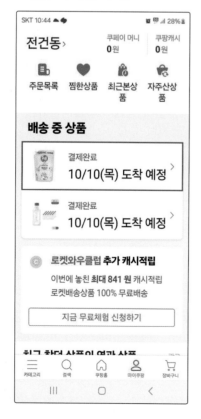
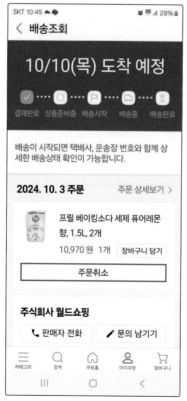

9. [주문취소] 화면에서 취소 사유를 선택한 후 [다음 단계]를 터치합니다. 환불 정보를 확인한 후 [확인]을 터치합니다.

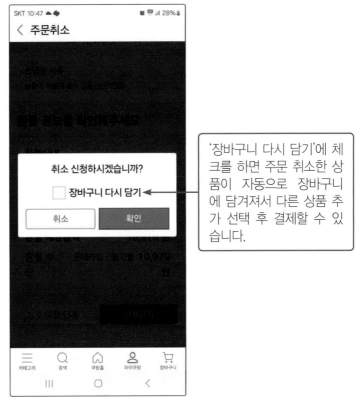

'장바구니 다시 담기'에 체크를 하면 주문 취소한 상품이 자동으로 장바구니에 담겨져서 다른 상품 추가 선택 후 결제할 수 있습니다.

10. 취소 신청이 완료되면 [신청내역 확인하기]를 터치합니다. [취소·반품·교환목록] 화면에서 환불 진행을 확인할 수 있습니다.

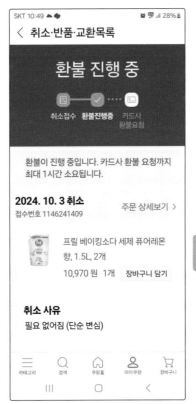

tip

구매한 물품을 취소할 경우 취소 수수료가 부과되는 물품이 있을 수 있습니다. 따라서 물품을 구매하기 전 취소 수수료를 확인한 다음 물품을 구매하는 것이 좋습니다.

1. [Play 스토어]에서 "배달의 민족"을 검색한 후, 설치하여 실행합니다. 홈 화면에서 [마이배민]을 터치한 다음, [로그인하고 시작하기]를 터치하여 회원가입 절차에 따라 회원가입을 합니다.

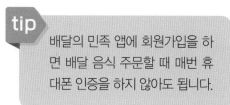

tip
배달의 민족 앱에 회원가입을 하면 배달 음식 주문할 때 매번 휴대폰 인증을 하지 않아도 됩니다.

2. 🏠 [홈]을 터치하여 현재 위치로 음식이 배달될 수 있게 주소를 등록하기 위해 앱 상단에 표시된 주소를 터치합니다. 현재 위치를 배달 주소로 등록하기 위해 [현재 위치로 찾기]를 터치합니다.

3. [지도에서 위치 확인] 화면에서 배달 장소를 확인하고, [이 위치로 주소 등록]을 터치합니다. [주소 상세] 화면에서 상세 주소를 입력한 후 [주소 등록]을 터치합니다.

4. 치킨을 구매해보기로 합니다. 홈 화면에서 '치킨'을 선택하면 현재 위치를 기반으로 주문할 수 있는 치킨점이 표시됩니다. 선호하는 치킨 브랜드를 터치합니다.

[정렬]을 터치하여 [가까운]을 선택하면 현재 위치와 가까운 음식점이 검색됩니다

5. 주문할 메뉴를 선택한 다음, 세부 선택 항목에서 원하는 옵션을 고르고 [담기]를 터치합니다.

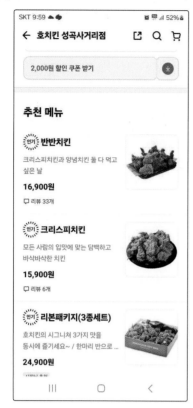

6. [장바구니]를 터치합니다. 화면을 아래로 이동한 다음 배달 방식을 선택합니다.

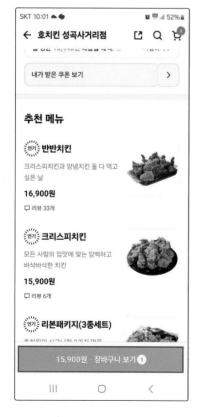
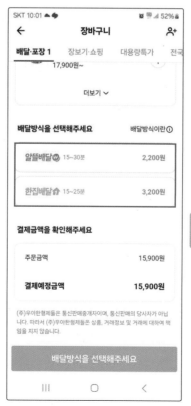

tip

알뜰배달 : 근처 주문한 여러 장소에 배달하기 때문에 배달 수수료는 한집배달보다 저렴하지만 시간이 오래 걸립니다.

한집배달 : 한집만 배달하기 때문에 배달 수수료는 비싸지만 배달 시간이 빠릅니다.

7. [주문하기] 화면에서 배달 주소와 배달 정보를 확인합니다. 이번에는 휴대폰 결제를 해보기로 합니다. 화면을 아래로 드래그하여 [기타 결제수단]을 터치합니다. [기타 결제] 탭에서 [휴대폰결제]를 선택하고 [선택완료]를 터치합니다.

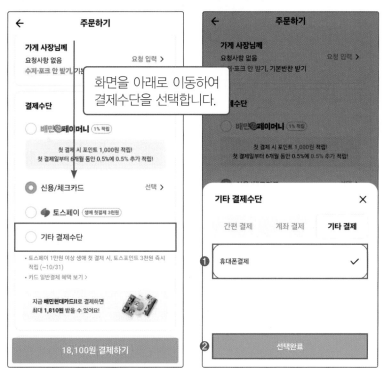

8. [주문하기] 화면에서 [결제하기]를 터치합니다. 휴대폰 승인에 필요한 정보를 모두 입력하고, [결제 요청]을 터치합니다. 휴대폰으로 전송된 승인번호를 입력한 후 [결제]를 터치하여 주문을 완료합니다.

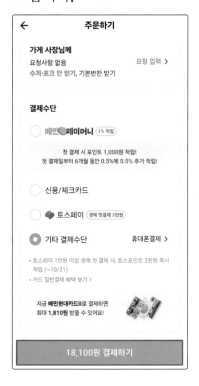

4 모바일 팩스 활용하기

생활하다 보면 공공기관이나 기업 등에서 신분증이나 서류 등에 대한 팩스를 요구할 때가 종종 있습니다. 이때 모바일 팩스를 이용하면 스마트폰을 통해 팩스를 주고받을 수 있어 편리합니다. MMS 방식을 이용해 전송되며, 팩스 전송 요금은 1장 발송 시 1건의 MMS를 사용하며, 본인의 이동통신사 가입 요금제에 따라 무제한 또는 제공사용량 내에서 무료로 이용 가능합니다. 따라서 많이 사용하지 않는 경우 사용하는 통신사의 요금제에 MMS 무료 횟수를 확인한 후 이용하는 것이 좋습니다.

1. [Play 스토어] 앱을 실행한 다음, "모바일팩스"를 검색하여 설치한 후 [열기]를 터치합니다. [회원가입] 화면에서 [전체 동의]를 터치한 후 [다음]을 터치합니다.

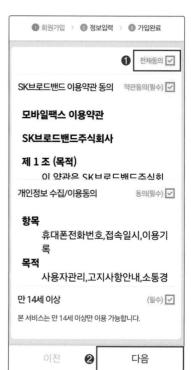

2. 사용하고 있는 팩스 번호가 있으면 직접 팩스 번호를 입력하고, 없으면 '신규가입'을 선택하고 [다음]을 터치합니다. 사용할 팩스 번호를 선택한 후 [다음]을 터치합니다.

3. 연락처 등록 메시지 창에서 [아니오]를 선택합니다. 모바일 팩스 [가입 완료] 창에 본인의 팩스 번호가 나타나면 [확인]을 터치합니다.

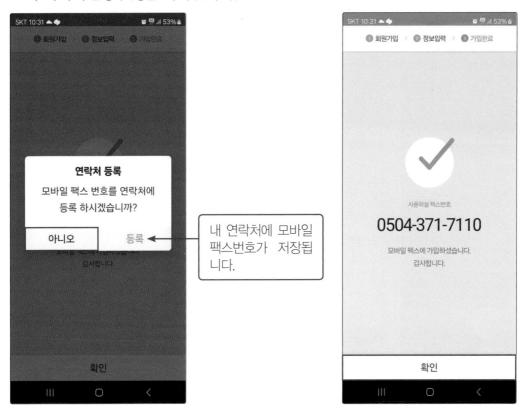

내 연락처에 모바일 팩스번호가 저장됩니다.

4. 팩스로 문서를 보내기 위해 '문서사진'을 선택하고, [사진/문서 첨부]를 터치합니다. [파일 선택] 창에서 [카메라]를 선택합니다.

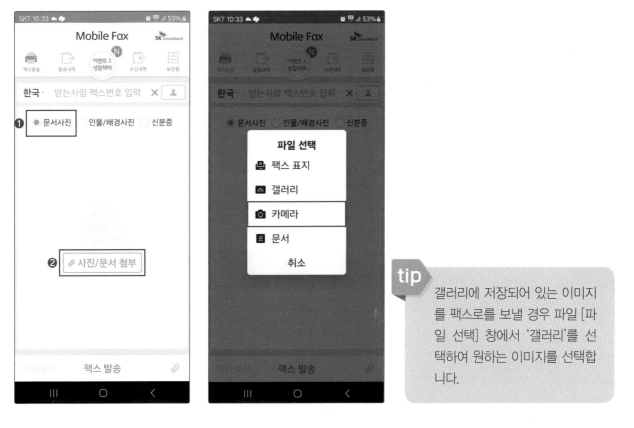

tip
갤러리에 저장되어 있는 이미지를 팩스로를 보낼 경우 파일 [파일 선택] 창에서 '갤러리'를 선택하여 원하는 이미지를 선택합니다.

5. 팩스로 보낼 문서를 촬영한 다음, [확인]을 터치합니다.

 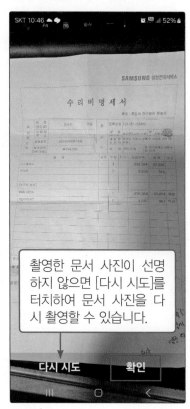

촬영한 문서 사진이 선명하지 않으면 [다시 시도]를 터치하여 문서 사진을 다시 촬영할 수 있습니다.

6. 팩스로 보낼 문서의 영역을 설정한 다음 ✔ [확인]을 터치합니다. [이미지 수정] 창에서 [예]를 터치합니다.

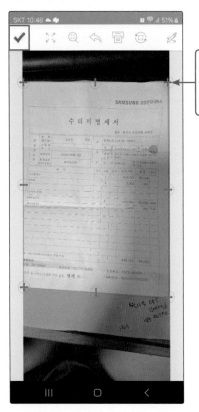 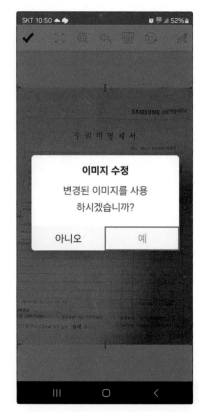

조절점을 드래그하여 문서 영역을 설정합니다.

7. 팩스를 보낼 번호를 입력하고 [팩스 발송]을 터치합니다. 팩스 발송이 완료되면 [발송내역]을 선택하여 발송이 완료되었는지 확인할 수 있습니다.

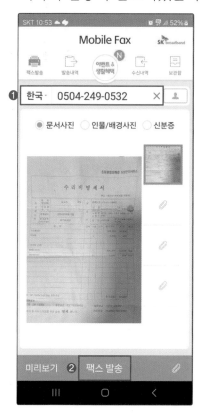

8. 모바일로 팩스가 수신되면 수신 내역에 숫자가 표시됩니다. [수신내역]을 터치한 다음, 수신한 팩스를 선택합니다. 선택한 팩스가 다운로드 되면 팩스 파일을 선택하여 내용을 확인할 수 있습니다.

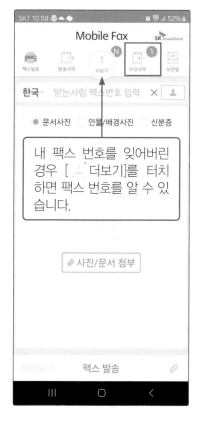

카카오톡 활용하기

카카오톡은 인터넷에서 실시간으로 메시지와 데이터를 주고받을 수 있는 프로그램으로, 문자 채팅뿐만 아니라 전화 통화를 하는 것처럼 음성 또는 영상으로 실시간 대화를 나눌 수 있습니다.

1 친구와 대화하기

친구 목록에서 대화하고 싶은 친구와 1:1 채팅을 할 수 있으며, 사진, 이모티콘, 음성 메시지 등을 자유롭게 주고받을 수 있습니다. 또한, 그룹 채팅을 통해 여러 친구와 동시에 대화할 수도 있습니다.

1. 👤[친구]를 터치하여 대화할 친구를 선택합니다. 친구의 프로필 화면에서 💬[1:1채팅]을 터치합니다.

2. 메시지 입력란을 터치하여 메시지를 입력하고 ▶ [전송]을 터치합니다. 감정이나 기분을 표현하고 싶을 때는 ☺ [이모티콘]을 터치합니다.

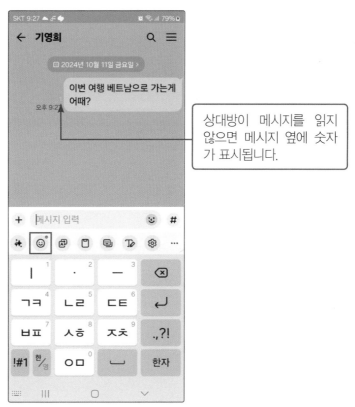

> 상대방이 메시지를 읽지 않으면 메시지 옆에 숫자가 표시됩니다.

3. 표시된 이모티콘에서 원하는 모양을 선택하고 ▶ [전송]을 터치합니다. 친구의 질문에 답장을 하려면 질문을 길게 누릅니다.

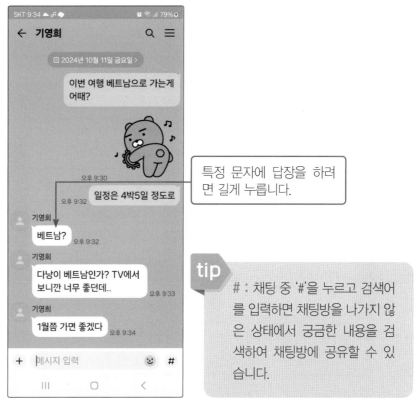

> 특정 문자에 답장을 하려면 길게 누릅니다.

tip

: 채팅 중 '#'을 누르고 검색어를 입력하면 채팅방을 나가지 않은 상태에서 궁금한 내용을 검색하여 채팅방에 공유할 수 있습니다.

4. 단축 메뉴에서 [답장]을 터치한 다음 질문에 대한 답을 입력하고 ▶ [전송]을 터치합니다.

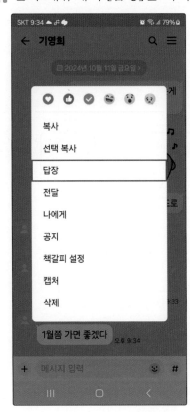
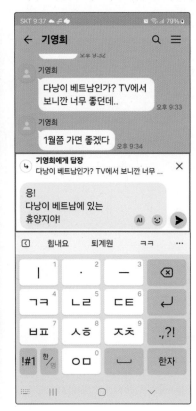

5. 잘못 전송한 메시지는 삭제할 수 있습니다. 삭제할 대화를 길게 눌러 나타난 단축 메뉴에서 [삭제]를 터치합니다. [삭제] 창에서 [모든 대화 상대에게 삭제]를 선택하고 [확인]을 터치합니다.

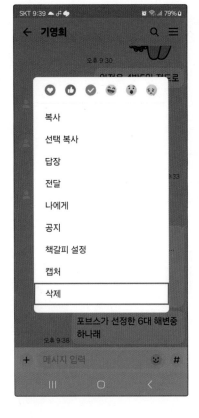
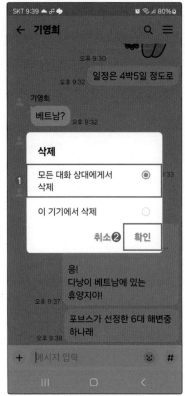

6. [모든 대화 상대에게 삭제] 창에서 [삭제]를 터치합니다. 그러면 '삭제된 메시지입니다'라는 글자가 표시됩니다. 채팅방에 다른 친구를 초대하여 그룹 채팅을 하고 싶으면 대화방 ≡[메뉴]를 터치합니다.

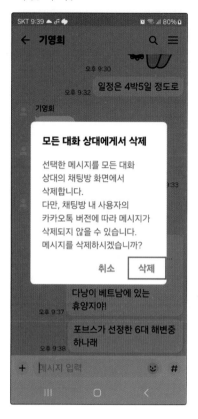
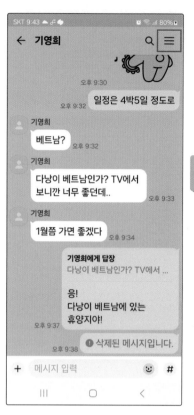

tip

상대방이 메시지를 읽었거나 메시지를 전송하고 5분이 지나면 메시지를 삭제해도 내 기기에서만 삭제되고, 상대방 메시지는 삭제할 수 없습니다. 메시지를 삭제하면 상대방 대화 창에서 "삭제된 메시지입니다"가 표시되며, 상대방 대화 창에 뜬 "삭제된 메시지입니다." 글자는 삭제할 수 없습니다.

7. 채팅방 메뉴에서 [대화상대 초대]를 선택합니다. 초대 친구 목록에서 초대할 친구를 선택한 다음 [확인]을 터치합니다.

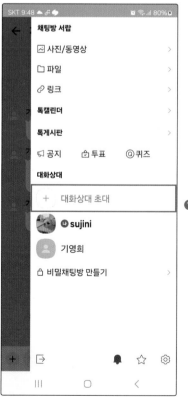

8. [그룹채팅방 정보 설정] 화면에서 채팅방 이름을 입력하고 [확인]을 터치합니다. 채팅방 이름이 모두 같은 이름으로 개설된다는 메시지 창에서 [다시 열지 않음]을 터치합니다.

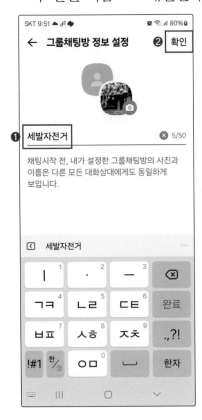

9. 이제부터는 메시지를 입력한 다음 ▶ [전송]을 터치하면 상대에게 모두 보여집니다. 사진을 공유하고 싶으면 메시지 입력란에 ⊕ [추가]를 터치한 다음 🖼 [앨범]을 터치합니다.

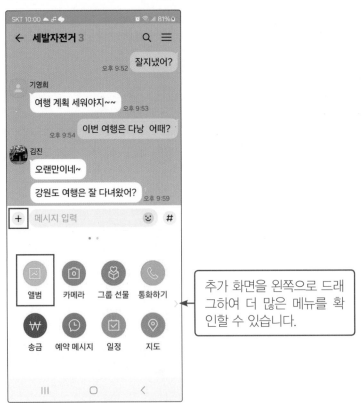

추가 화면을 왼쪽으로 드래그하여 더 많은 메뉴를 확인할 수 있습니다.

10. 더 많은 사진을 보려면 [전체]를 터치합니다. [전체보기] 화면에서 전송할 사진을 선택한 후
▶ [전송]을 터치합니다.

- 첨부 파일 용량 : 음성 메시지의 경우에는 5분, 동영상의 경우 최대 300MB까지 전송할 수 있습니다.
- 사진 묶어 보내기 : 최대 30장의 사진을 하나의 말풍선으로 묶어서 전송할 수 있습니다.

한걸음 더!   카카오톡 추가 옵션

[앨범]	갤러리에 저장되어 있는 사진을 공유할 수 있습니다.
[카메라]	사진이나 동영상을 촬영하여 공유할 수 있습니다.
[선물하기]	친구에게 선물을 보낼 수 있습니다.
[통화하기]	음성으로 친구와 음성이나 영상으로 대화할 수 있습니다.
[송금]	친구와 간편하게 돈을 주고 받을 수 있을 뿐만 아니라, 1/N 정산, 정산 사다리 등을 할 수 있습니다.
[예약 메시지]	특정 시간에 메시지가 전송되도록 예약을 할 수 있습니다.
[일정]	친구들의 모임이나 이벤트 일정을 관리하고, 공유합니다.
[지도]	특정 장소나, 내 위치를 전송할 수 있습니다.
[캡쳐]	대화 내용이나 이미지를 캡처하여 공유할 수 있습니다.
[음성메시지]	문자 대신 음성으로 메시지를 전송할 수 있습니다.
[연락처]	연락처를 공유할 수 있습니다.
[파일]	문서, 이미지, 동영상 등 다양한 형식의 파일을 공유합니다.
[뮤직]	친구들과 좋아하는 음악을 공유할 수 있습니다.
[라이브톡]	실시간으로 친구와 영상 통화를 할 수 있는 기능입니다.

그룹 채팅은 여러 사람이 메시지를 주고받기 때문에 알림 소리가 생활에 방해가 될 수 있습니다. 이럴 때 그룹 채팅의 알림 소리를 끄거나 조용한 채팅방으로 설정하면 메시지가 도착해도 알림이 울리지 않으며, 메시지 표시도 되지 않아 방해받지 않고 일상에 집중할 수 있습니다.

1. 채팅 목록에서 알람을 해제할 대화방을 길게 누릅니다. 단축 메뉴가 나타나면 [채팅방 알람 끄기]를 터치합니다.

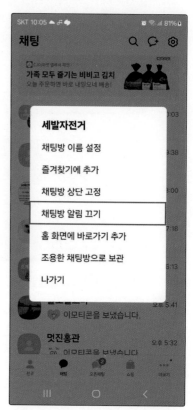

2. 채팅방 옆에 🔕 [알람 끄기] 아이콘이 표시됩니다. 다시 알람을 켜려면 알람 끄기된 채팅방을 길게 눌러 나타난 단축 메뉴에서 [채팅방 알람 켜기]를 터치합니다.

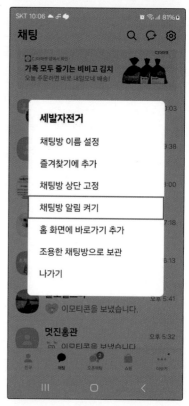

3. 조용한 채팅방으로 보관할 대화방을 길게 눌러 나타난 단축 메뉴에서 [조용한 채팅방으로 보관]을 터치합니다. 그러면 채팅방 목록 맨 위에 조용한 채팅방이 나타납니다. [조용한 채팅방]을 터치합니다.

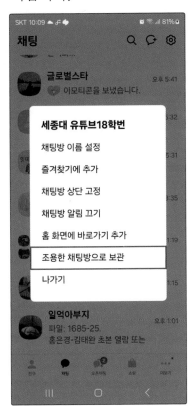 

4. 조용한 채팅방에 보관된 채팅방을 확인할 수 있습니다. 조용한 채팅방을 해제하려면 해제할 채팅방을 길게 눌러 나타난 단축 메뉴에서 [조용한 채팅방에서 해제]를 터치합니다.

 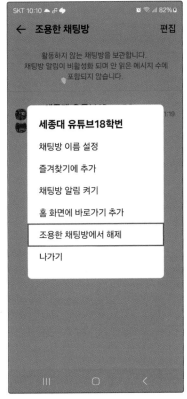

> **tip**
> 자주 대화하지 않는 채팅방이거나, 업무상 만들어졌지만 별로 활동 안하고 어려운 상사 등이 있어 나가기도 애매한 경우 조용한 채팅방을 설정하면 편리합니다. 그러면 채팅방 알림이 꺼지고, 안 읽은 메시지 수에서도 제외됩니다.

5. 친구 목록에서 연락하지 않는 친구를 숨기고 싶으면 [친구]를 터치한 다음 숨길 친구를 길게 누릅니다. 단축 메뉴가 나타나면 [숨김]을 터치합니다. [친구목록에서 숨김] 창에서 [숨김]을 터치합니다.

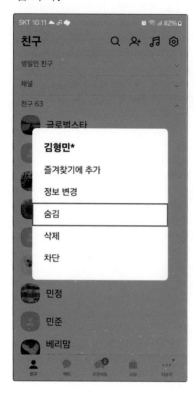
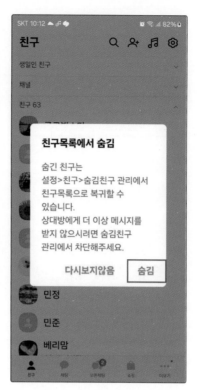

6. 모르는 사람이 친구로 등록되어 있다면 친구 차단을 할 수 있습니다. 차단할 친구를 길게 눌러 나타난 단축 메뉴에서 [차단]을 터치합니다. [친구 차단] 창에서 [메시지 차단, 프로필 비공개]를 터치합니다.

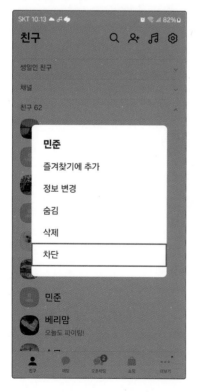
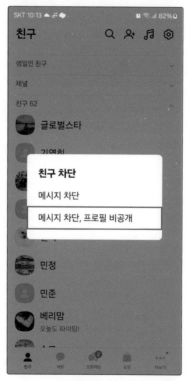

7. [친구 차단] 창에서 [차단]을 터치합니다. 숨김이나 차단된 친구를 관리하려면 친구 목록 화면에서 ⚙️ [설정]을 터치합니다.

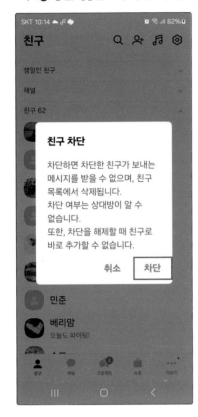

8. 설정 메뉴에서 [친구 관리]를 터치합니다. [친구] 설정 화면의 친구 관리에서 [숨김친구 관리]를 터치합니다.

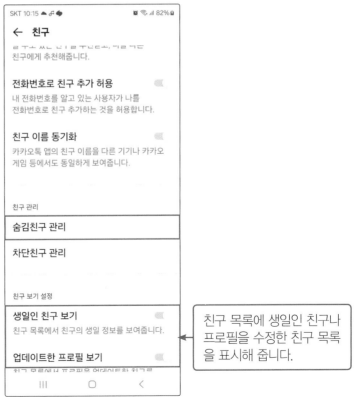

친구 목록에 생일인 친구나 프로필을 수정한 친구 목록을 표시해 줍니다.

9. 숨겨진 친구를 확인할 수 있습니다. 친구 목록에 복귀시키고 싶은 친구가 있으면 [관리]를 터치합니다. [숨김친구 관리] 메뉴가 나타나면 [친구목록으로 복귀]를 터치합니다.

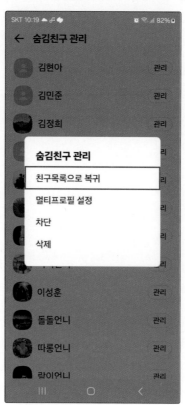

자동 친구 추가 : 연락처에 저장된 친구 중 카카오톡을 사용하는 친구를 자동으로 친구 목록에 추가합니다.

친구 목록 새로고침 : 친구 목록을 새로고침하여 연락처에 등록된 친구 중 카카오톡을 사용하는 친구를 추가합니다.

친구 추천 허용 : 알 수도 있는 친구를 추천받고, 나를 다른 친구에게 추천합니다.

친구 이름 동기화 : 카카오톡의 친구 이름을 다른 기기나 카카오게임 등에서도 동일한 이름으로 표시합니다.

생일인 친구 보기 : 등록된 친구 중에 생일인 친구를 보여줍니다.

업데이트한 친구 보기 : 친구 목록에서 프로필을 업데이트한 친구를 모아서 보여줍니다.

기억할 친구 보기 : 등록된 친구에서 추모 프로필로 전환된 친구를 보여줍니다.

3 친구에게 선물 보내기

카카오톡에 등록되어 있는 친구나 지인한테 커피 교환권, 꽃다발 기프트 카드 등 다양한 선물 중 마음에 드는 선물을 응원 또는 축하의 메시지와 함께 보낼 수 있습니다.

1. ⋯ [더보기]를 터치한 다음, [더보기] 화면에서 ⛨ [선물하기]를 터치합니다. 선물 받을 친구를 [선택해주세요]를 터치합니다

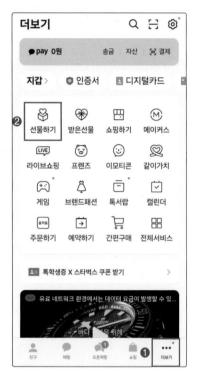

2. [친구 선택] 화면에서 선물할 친구를 선택하고 [확인]을 터치합니다. 선물을 선택하기 위해 ☰ [카테고리]를 터치합니다.

3. [카테고리] 화면에서 [교환권]을 선택한 다음 [카페]를 터치합니다. 선호하는 카페 브랜드를 선택합니다.

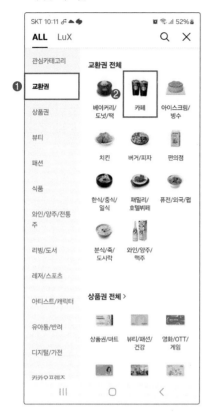 

4. 선택한 브랜드에서 선물할 상품을 선택한 다음, [선물하기]를 터치합니다. 결제 금액을 확인한 다음 [선물하기]를 터치합니다.

5. 카드도 같이 보내고 싶으면 선물과 함께 보낼 카드와 내용을 입력합니다. 휴대폰 결제 방식을 사용하고 싶으면 화면을 위로 드래그하여 [기타 결제]를 터치하여 '휴대폰'을 선택한 후 [결제하기]를 터치합니다.

카테고리를 이동하여 다양한 카드 유형을 선택할 수 있습니다.

6. [휴대폰 결제] 약관에 [전체 동의합니다.]를 터치하여 체크 표시하고 [다음]을 터치합니다. 사용하고 있는 통신사와 휴대폰 번호, 인증방식, 주민등록번호를 입력하고 [다음]을 터치합니다.

7. 휴대폰으로 전송된 승인번호를 입력하고 [결제하기]를 터치하면 친구에게 선물이 전송됩니다.
⌂[홈]을 터치합니다.

8. 내가 받은 선물이 있는 경우 확인하려면 [선물하기] 화면에서 ⌂[선물함]을 터치한 다음 [받은 선물]을 터치합니다. 받은 선물 목록이 나타나면서 지인에게 받은 선물과 선물의 유효 기간을 알 수 있습니다.

9. 선물을 환불받으려면 받은 선물함에서 환불받을 선물을 터치한 다음 [취소/환불]을 터치합니다.

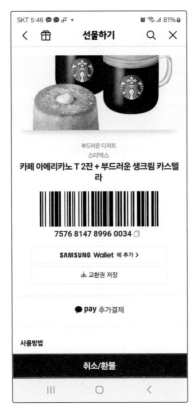

10. [취소/환불] 창에서 내용을 읽은 후 '내용을 확인했어요'를 선택한 다음 [환불요청]를 터치합니다. 정상처리 메시지 창에서 [확인]을 터치합니다.

11. [환불을 위한 개인정보 수집 동의] 화면에서 '동의합니다'에 체크 표시를 한 후 [다음]을 터치합니다. 환불 받을 은행과 계좌번호를 입력한 후 [다음]을 터치합니다.

12. [환불 계좌 확인] 화면에서 환불 금액과 환불 계좌 정보를 확인한 후 [다음]을 터치하면 환불 신청이 완료됩니다.

카카오톡의 캐시 파일, 미디어 파일 등의 불필요한 데이터를 삭제하여 최적화된 환경에서 카카오톡을 사용할 수 있습니다. 단, 삭제 후 저장 기간이 만료된 미디어 파일은 다시 다운로드할 수 없으니 주의하세요.

1. ⋯ [더보기]를 터치하여 ⚙ [설정]을 터치합니다. [설정] 화면이 나타나면 [앱 관리]를 터치합니다.

2. [앱 관리] 화면에서 [저장공간 관리]를 터치한 다음, 미디어 데이터를 삭제할 채팅방을 선택합니다.

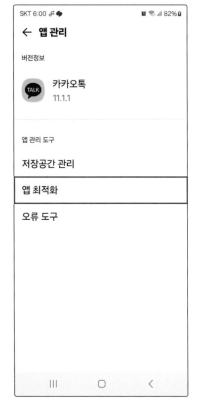
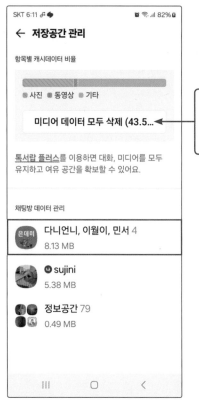

[미디어 데이터 모두 삭제]를 터치하면 모든 캐시 파일을 삭제할 수 있습니다.

3. [채팅방 데이터 관리] 창에서 [미디어 데이터 모두 삭제]를 터치합니다. [미디어 데이터 모두 삭제] 창이 나타나면 [삭제]를 터치합니다.

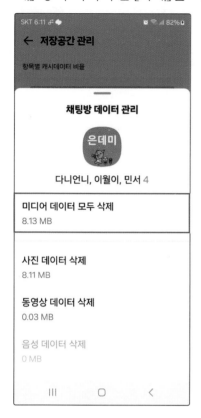
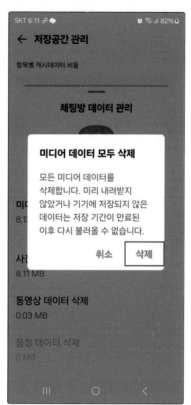

4. 다음과 같이 미디어 파일이 삭제되면 채팅방 데이터 관리 창을 아래로 드래그합니다. 그리고 저장공간이 삭제한 파일만큼 늘어난 것을 확인할 수 있습니다.

SECTION 06

디지털 카드 지갑 만들기

스·마·트·폰·기·초

스마트폰 인증서는 스마트폰을 통해 신원을 확인하고 보안을 강화하는 데 사용되는 디지털 인증서입니다. 금융 인증서, PASS, 네이버, 카카오페이, 토스 등 여러 플랫폼에서 인증서를 발급받을 수 있으며, 이를 통해 사용자 인증을 안전하고 효율적으로 수행할 수 있습니다. 또한, 자주 사용하는 신용카드를 페이에 등록하면 간편하게 결제할 수 있어 사용자 편의성을 높일 수 있습니다.

1 PASS 인증서 만들기

PASS 인증서는 모바일 인증 서비스로, 주로 금융 거래나 중요한 서비스에 접속할 때 본인이 맞는지 확인해주는 디지털 신분증 같은 것입니다. 공인 인증서나 비밀번호 없이 간편하게 본인 확인이 가능합니다.

1. [Play 스토어]에서 PASS 앱을 검색하여 설치한 후, [열기]를 터치합니다. 권한 동의 화면에서 [확인]을 터치합니다.

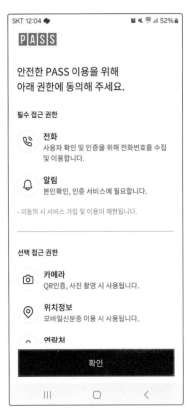

2. 알림 허용 유무 확인 창에서 [허용]을 터치합니다. PASS 앱에서 전화를 걸고 관리하도록 허용 유무 창에서 [허용]을 터치합니다.

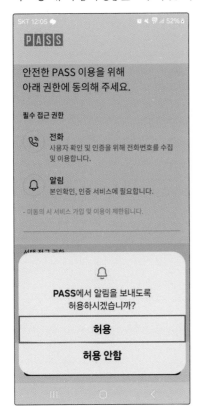
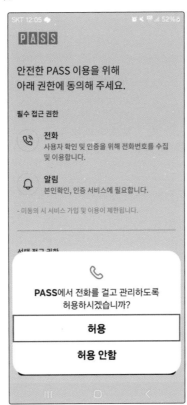

3. [간편 본인확인 정보 등록] 화면에서 본인의 정보를 입력한 후, [다음]을 터치합니다. 'PASS 필수 항목 모두 동의'를 선택하고 [다음]을 터치합니다.

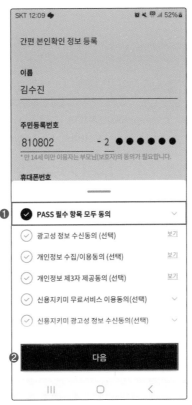

4. 인증 번호가 전송되면 [확인]을 터치합니다. PASS 앱을 실행할 때 사용할 비밀번호 6자리를 입력합니다.

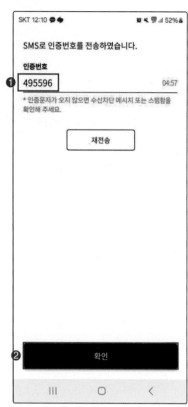

5. 같은 번호를 한번더 입력합니다. 그러면 다음과 같이 PASS에 가입 완료된 것을 확인할 수 있습니다.

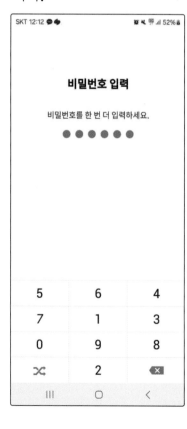

6. 모바일 신분증을 등록하기 위해 홈 화면에서 [신분증을 모바일로]를 터치한 후, [등록]을 터치합니다.

7. [주민등록증 모바일 확인서비스] 창에서 '서비스 필수 항목 모두 동의'를 선택하고 [가입]을 터치합니다. PASS 앱 비밀번호 6자리를 입력합니다.

 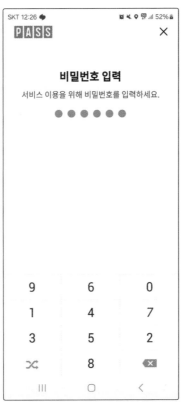

8. [주민등록증 정보 입력] 화면에서 주민등록 번호 뒷자리와 발급일자를 선택한 후 [등록]을 터치합니다. [안면인증 진행] 화면에서 이용 동의에 체크를 한 다음 [동의하고 시작]을 터치합니다.

9. PASS 안면인증 화면 원 안에 격자에 얼굴을 맞춘 후, 눈을 깜빡이면 다음과 같이 원 아래 지시 사항에 따라 얼굴 인증을 합니다. 인증에 성공하면 [모바일신분증 시작]을 터치하여 완료합니다.

10. PASS 화면에서 [모바일 신분증]을 터치하면 등록한 주민등록증을 확인할 수 있습니다.

> **tip**
>
> **증서 발급** : PASS에서 무료로 발급하는 국민 범용 인증서로 정부24, 홈택스, 국민건강보험 등 다양한 온라인 서비스에 로그인 할 수 있습니다.
>
> **QR 인증** : QR 코드를 스캔하여 인증을 할 수 있습니다.
>
> **인증내역** : 본인 확인 및 PASS 인증 내역을 확인할 수 있습니다.
>
> **모바일지갑** : 정부전자문서, 국민비서 등 각종 신분/자격증 발급을 제공받을 수 있습니다.

2 삼성페이 가입하고 카드 등록하기

삼성페이에 카드를 등록하면 온라인 쇼핑이나 교통 요금을 간편하게 결제할 수 있습니다.

1. 삼성페이는 기본적으로 깔려있지만 혹 지우신 경우 설치를 해야 합니다. [Play 스토어]에서 '삼성 월렛'을 검색하여 [설치]를 터치합니다. 설치 사용 가능 여부 확인이 되면 [설치]를 터치합니다.

2. 접근 권한 안내 화면에서 [계속]을 터치한 다음, 전화 관리 허용 유무 창에서 [허용]을 터치합니다. [인증 수단] 화면에서 [건너뛰고 Samsung Wallet 비밀번호 사용]을 터치합니다.

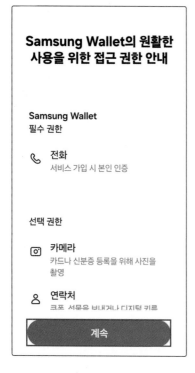
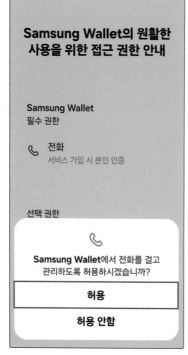
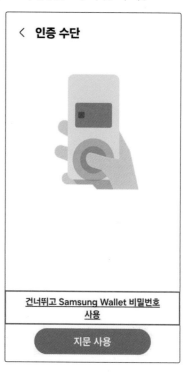

3. 카드를 추가하기 위해 [추가]를 터치합니다. [추가] 화면에서 [결제 카드]를 터치합니다.

4. [결제 카드 추가] 화면에서 [사진으로 찍어 카드 추가]를 터치합니다. 사각형 안에 결제로 사용할 카드를 맞춥니다.

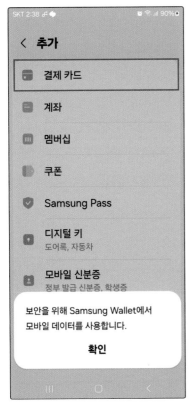
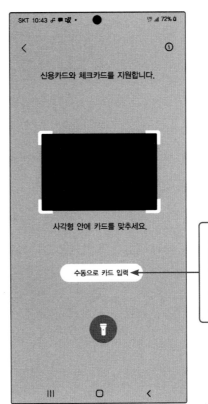

카드 인식이 잘 안되는 경우 [수동으로 카드 입력]을 터치하여 카드 정보와 카드 소유자 정보를 직접 입력하여 카드를 등록할 수 있습니다.

5. [카드 추가] 화면에 카드번호가 자동으로 입력되면, 보안코드와 카드 비밀번호 앞 두자리를 입력하고 [다음]을 터치합니다. 사용 약관에 [전체]를 선택한 다음 [계속]을 터치합니다.

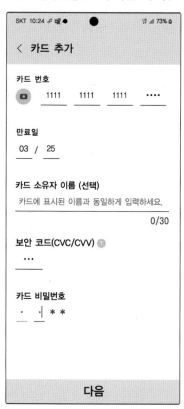
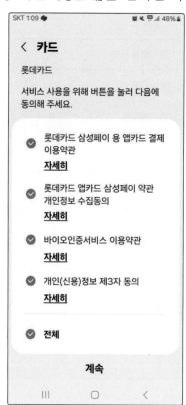

6. [본인 인증] 화면에서 [PASS] 탭을 선택한 다음 [인증 요청]을 터치합니다. PASS 앱을 실행하여 비밀번호를 입력합니다.

7. PASS 앱 위에 인증 요청 발생 메시지 창을 터치하여 본인 확인을 위한 PASS 비밀번호 6자리를 입력합니다.

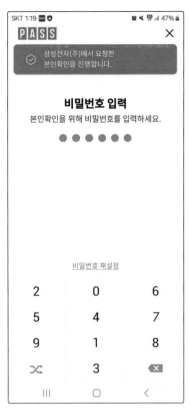

8. PASS 앱에서 인증이 완료되면 삼성페이 인증 화면으로 이동하여 [확인]을 터치합니다.

9. [서명 입력] 화면에 손가락으로 본인의 서명을 한 후 [다음]을 터치하면 카드 추가가 완료됩니다. [완료]를 터치합니다.

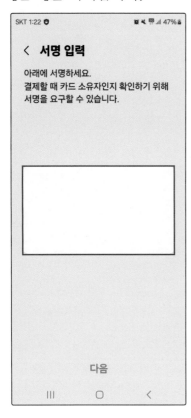

10. 삼성 페이로 결제하는 방식을 살펴보기로 합니다. 스마트폰 화면 아래 선을 위로 드래그합니다. 그러면 삼성페이 앱이 실행되면서 등록한 카드가 나타납니다. [비밀번호]를 터치합니다.

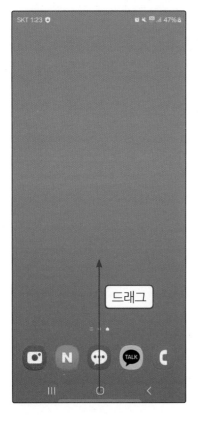

11. 결제 비밀번호 6자리를 입력합니다. 화면이 바뀌면서 카드 결제 상태가 되었을 때 50초 안에 카드 뒷면을 카드 리더기에 대면 결제가 완료됩니다.

3 교통카드 등록하기

삼성 페이에 교통카드를 등록하면 승하차시 핸드폰 뒷면을 대기만 하면 결제가 이루어져 편리합니다.

1. 삼성페이 시작 화면에서 [전체]를 터치한 다음 [교통카드 추가]를 터치합니다.

2. [교통카드 추가] 화면에서 [티머니]를 터치합니다. [결제 방식 선택] 화면에서 [후불]을 터치합니다.

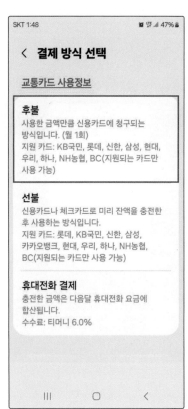

3. [카드 선택] 화면에서 등록된 카드 중 후불로 사용할 카드를 선택합니다. 이용약관 화면에서 '아래 이용약관에 동의합니다.'를 선택한 다음 [비밀번호]를 터치합니다.

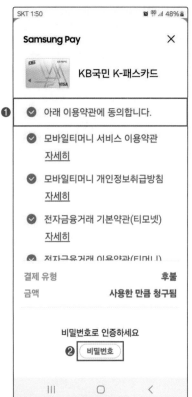

4. 카드 결제 비밀번호 6자리를 입력하면 다음과 같이 교통카드가 추가됩니다. [완료]를 터치합니다.

 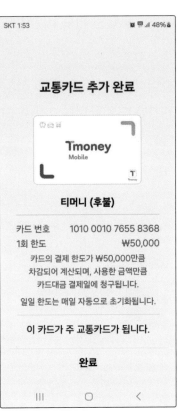

4 삼성 페이로 장보기

인터넷으로 물건을 구매할 때 삼성 페이에 등록된 카드 비밀번호 6자리만 입력하면 빠르게 결제할 수 있습니다.

1. 이마트몰에서 물건을 사보기로 합니다. 이마트몰 앱을 설치한 후 회원가입을 합니다. 구매할 물품을 장바구니에 담은 다음 [장바구니]를 터치합니다. [장바구니] 화면에서 [주문하기]를 터치합니다.

2. 원하는 배송시간을 선택한 후 [계속하기]를 터치합니다. [결제하기] 화면에서 쿠폰이나, 배송비 할인 쿠폰 등 할인혜택이 있으면 선택하고 화면을 아래로 이동한 후, [결제하기]를 터지합니다.

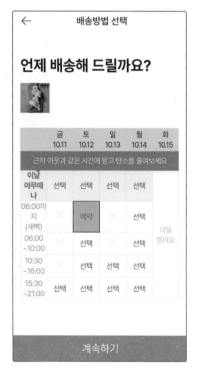

3. '일반결제'의 'SAMSUNG pay'를 선택합니다. 삼성페이에 등록한 카드사를 선택하고 [결제하기]를 터치합니다. 삼성페이 앱이 실행되면 [결제하기]를 터치합니다.

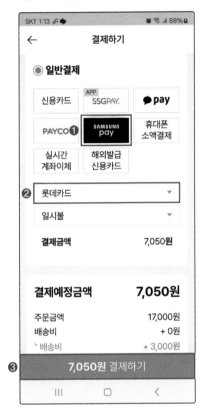

4. 금액을 확인한 다음 [비밀번호]를 터치합니다. 비밀번호 6자리를 입력하면 주문이 완료됩니다.

Let's go 스마트폰
스마트폰 기초 따라하기

2025년 1월 5일 초판 인쇄
2025년 1월 10일 초판 발행

펴낸이	김정철
펴낸곳	아티오
지은이	김수진
마케팅	강원경
표지 디자인	김지영
편집 디자인	이효정
인 쇄	조은피앤피
전 화	031-983-4092~3
팩 스	031-696-5780
등 록	2013년 2월 22일
정 가	10,000원
홈페이지	http://www.atio.co.kr
주 소	경기도 고양시 일산동구 호수로 336 (브라운스톤, 백석동)